BULLETIN OFFICIEL
DU MINISTÈRE DE LA GUERRE.

ÉDITION MÉTHODIQUE.

MOUVEMENTS ET TRANSPORTS

ORGANISATION GÉNÉRALE AUX ARMÉES

II

Transports stratégiques.

Volume arrêté à la date du 8 décembre 1913.

PARIS
HENRI CHARLES-LAVAUZELLE
Éditeur militaire
124, Boulevard Saint-Germain, 124

MÊME MAISON A LIMOGES

N° 100⁶ bis.

BULLETIN OFFICIEL
DU MINISTÈRE DE LA GUERRE.

ÉDITION MÉTHODIQUE.

MOUVEMENTS ET TRANSPORTS

ORGANISATION GÉNÉRALE AUX ARMÉES

II
Transports stratégiques.

Volume arrêté à la date du 8 décembre 1913.

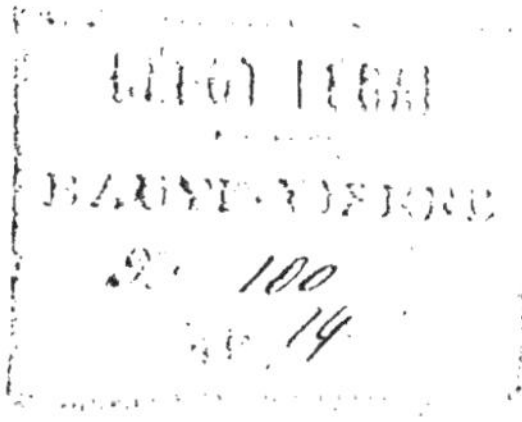

PARIS
HENRI CHARLES-LAVAUZELLE
Éditeur militaire
124, Boulevard Saint-Germain, 124

MÊME MAISON À LIMOGES

BULLETIN OFFICIEL
DU MINISTÈRE DE LA GUERRE.

ÉDITION MÉTHODIQUE.

MOUVEMENTS ET TRANSPORTS

ORGANISATION GÉNÉRALE AUX ARMÉES

I. — Garde des voies de communication.

Loi relative à la convocation, en temps de paix, des hommes de la réserve de l'armée territoriale affectés à la garde des voies de communication.

Paris, le 2 juillet 1890.

Le Sénat et la Chambre des députés ont adopté,

Le Président de la République promulgue la loi dont la **teneur suit :**

Article unique. Les hommes de la réserve de l'armée territoriale affectés à la garde des voies de communication en cas de guerre peuvent être, en temps de paix, astreints à des exercices spéciaux dont la durée totale, pendant les neuf années passées dans la réserve, n'excède pas neuf jours.

La présente loi, délibérée et adoptée par le Sénat et par la Chambre des députés, sera exécutée comme loi de l'Etat.

Signé : CARNOT.

Par le Président de la République :

Le Président du conseil, Ministre de la guerre,

Signé : C. DE FREYCINET.

Décret organisant la garde des voies de communication.

Paris, le 5 juillet 1890.

Le Président de la République française,

Vu la loi du 2 juillet 1890 ;

Sur le rapport du Ministre de la guerre,

Décrète :

Art. 1er. Il est établi un service de garde des voies de communication en temps de guerre.

Ce service a pour but d'assurer la sécurité des lignes de chemins de fer, canaux, réseaux télégraphiques et téléphoniques, nécessaires aux besoins des armées et désignés par le Ministre de la guerre.

Art. 2. Le service de garde est organisé par subdivision de région, sous l'autorité du commandant du corps d'armée.

Il fonctionne dès le jour de la mobilisation, et plus tôt si le Ministre de la guerre en donne l'ordre.

Dans la traversée des places fortes, ce service est assuré par les soins du gouverneur militaire.

Art. 3. Dès le temps de paix, chaque commandant de subdivision prépare toutes les mesures nécessaires à l'exécution du service en temps de guerre.

A cet effet, il se concerte avec le préfet du département, ainsi qu'avec les représentants des différents services intéressés, savoir :

L'ingénieur en chef des ponts et chaussées chargé du service de la navigation ;

Le directeur des douanes ;

Le conservateur des forêts ;

Un représentant de l'administration des télégraphes ;

Un agent supérieur de chacune des compagnies de chemins de fer dont les lignes traversent la subdivision ;

Le commandant de la gendarmerie et tous autres chefs de service dont le concours serait reconnu utile.

Les dispositions arrêtées, dont l'ensemble constitue le plan de protection des voies de communication, sont soumises au commandant du corps d'armée et rendues exécutoires, s'il y a lieu, par le Ministre.

Art. 4. Le personnel de garde est formé par les hommes de la réserve de l'armée territoriale.

Ces hommes sont désignés par l'autorité militaire, en commençant par les classes les plus anciennes, et choisis parmi ceux résidant dans les communes les plus voisines des points sur lesquels ils doivent être employés.

Ils sont organisés militairement et rattachés au dépôt du régiment territorial d'infanterie de la subdivision.

Les cadres sont fournis par le régiment territorial ou à l'aide de nominations faites au titre du service spécial par le commandant de la subdivision pour les grades de caporal et de sous-officier.

Art. 5. Dans chaque subdivision, le commandement de l'ensemble du personnel est exercé par un officier supérieur ou exceptionnellement par un capitaine désigné par le commandant de la subdivision et ayant sous ses ordres le nombre d'officiers et de sous-officiers convenable.

Les officiers sont choisis parmi ceux qui ne sont pas pourvus d'emplois actifs en cas de mobilisation, parmi les hommes employés qui possèdent l'aptitude nécessaire, ou enfin dans le personnel des services civils énumérés aux tableaux A et B de la loi du 15 juillet 1889.

Art. 6. Des instructions du Ministre de la guerre déterminent les détails de l'organisation ainsi que l'armement et l'équipement du personnel de garde.

Art. 7. Les hommes qui ne sont plus assujettis aux obligations militaires, et ceux des classes astreintes à ces obligations qui n'ont pas une désignation assignée en cas de mobilisation, peuvent participer à la garde des voies de communication en qualité de volontaires. Ils souscrivent un engagement en conséquence, mais ne peuvent être obligés à servir en dehors de la subdivision de région à laquelle ils apppartiennent. Ils sont classés pour ordre dans les corps de vétérans dont la formation est prévue par l'article 8 de la loi du 15 juillet 1889.

Art. 8. En temps de guerre, tous les hommes employés au service de garde, quelle que soit leur origine, font partie de l'armée et sont soumis aux lois militaires. Ils jouissent de tous les droits des belligérants.

Au cours des opérations, le commandement prend les dispositions nécessaires pour que, dans la zone exposée aux incursions de l'ennemi, ils portent un uniforme régulier.

Art. 9. Les troupes spéciales du service de garde sont exercées, dès le temps de paix, en vue de la mission qu'elles auront à remplir en temps de guerre.

A cet effet, elles sont convoquées et distribuées sur les points qu'elles sont destinées à protéger.

La durée de ces exercices ne peut, pour le même homme, dépasser neuf jours en neuf années.

Les convocations ont lieu sur l'ordre du commandant de corps d'armée, d'après les instructions du Ministre. Les volontaires ne peuvent être obligés de participer aux exercices. Ils reçoivent seulement des bulletins d'invitation analogues à ceux en usage pour les sociétés de tir de l'armée territoriale.

Art. 10. Les dispositions arrêtées par l'autorité militaire pour la garde des voies de communication ne préjudicient en rien aux attributions de police générale ou municipale qui appartiennent aux préfets et aux maires. Il en est de même pour les obligations ordinaires qui incombent aux divers services publics, à la gendarmerie ou aux compagnies de chemins de fer relativement au maintien de l'ordre et de la sécurité ou à l'exploitation des voies de communication.

Dans l'exercice de leurs attributions, les préfets et les maires ou leurs agents, les fonctionnaires et agents des divers services publics et ceux des compagnies de chemins de fer prêtent leur concours au personnel militaire chargé du service sur les voies de communication gardées.

Art. 11. Le Ministre de la guerre est chargé de l'exécution du présent décret qui sera inséré au *Bulletin des lois*.

Fait à Paris, le 5 juillet 1890.

Signé : CARNOT.

Par le Président de la République :
Le Président du conseil, Ministre de la guerre,
Signé : C. DE FREYCINET.

II. — Transports stratégiques.

Décret portant règlement sur les transports stratégiques par chemins de fer.

(Etat-Major de l'Armée; Bureau des Etapes, Chemins de fer, Transports de troupes par voie de fer et par eau.)

Paris, le 8 décembre 1913.

RAPPORT AU PRÉSIDENT DE LA RÉPUBLIQUE FRANÇAISE.

Monsieur le Président,

L'expérience des exercices d'ensemble des services de l'arrière, exécutés en 1912 et 1913, a fait ressortir la nécessité de donner plus de souplesse aux transports de ravitaillement des armées et d'assurer l'unité de direction des organes groupés aux gares régulatrices de communication.

C'est dans cet esprit qu'ont été préparés les projets de règlement sur les transports stratégiques par chemins de fer et de règlement portant organisation générale des services de l'arrière aux armées, que j'ai l'honneur de soumettre à votre approbation.

Grâce aux dispositions proposées, les changements dans l'ordre de bataille, que le commandement jugera nécessaires, pourront être effectués sans compromettre le ravitaillement des armées, dont le réseau de communication pourra s'adapter à toutes les combinaisons.

Veuillez agréer Monsieur le Président, l'hommage de mon profond dévouement.

Le Ministre de la guerre,
Eug. ETIENNE.

DÉCRET.

Le Président de la République française,

Vu la loi du 3 juillet 1877, sur les réquisitions militaires;

Vu la loi du 28 décembre 1888, modifiant les articles 22 et suivants de la loi du 13 mars 1875, relatifs au service des chemins de fer;

Vu le décret du 5 février 1889, portant organisation du service militaire des chemins de fer;

Vu le décret du 8 décembre 1909, portant organisation des sections de chemins de fer de campagne;

Vu le décret du 4 juin 1902, portant règlement sur les transports militaires par chemins de fer (transports ordinaires);

Vu le décret du 21 février 1900, modifié le 25 mars 1908, portant règlement sur les transports militaires par chemins de fer (transports stratégiques);

Vu le décret portant organisation générale des services de l'arrière aux armées;

Sur le rapport du Ministre de la guerre,

Décrète :

Art. 1er. Le règlement sur les transports stratégiques par chemins de fer annexé au présent décret sera mis immédiatement en vigueur.

Art. 2. Le décret du 21 février 1900, portant règlement sur les transports militaires par chemins de fer (*transports straté-giques*) est abrogé.

Art. 3. Les Ministres de la guerre et de la marine sont char-gés, chacun en ce qui le concerne, de l'exécution du présent décret.

Paris, le 8 décembre 1913.

POINCARE.

Par le Président de la République :

Le Ministre de la guerre,
Eug. ETIENNE.

Le Ministre de la marine,
BAUDIN.

Règlement sur les transports stratégiques par chemins de fer.

TITRE Ier.

PRINCIPES GÉNÉRAUX. — PRÉPARATION.

Définition et division des transports stratégiques.

Art. 1er. Les transports stratégiques ont pour objet les déplace-ments, par grandes masses, des troupes et du matériel de guerre, ainsi que les divers mouvements préparatoires ou complémen-taires de ces déplacements.

Ces transports nécessitent l'emploi de tout ou partie des res-sources en matériel et en personnel des compagnies de chemins de fer; ils ont pour conséquence de restreindre ou de supprimer complètement le service ordinaire de l'exploitation commerciale.

Sur l'avis qui leur est notifié par le Ministre de la guerre (1) les compagnies doivent mettre à la disposition de l'administration de la guerre la totalité de leurs moyens de transport sur les lignes désignées spécialement ou sur toute l'étendue de leur réseau.

---

(1) En temps de guerre, le service des chemins de fer relève tout entier de l'autorité militaire (loi du 28 décembre 1888 et décret du 5 février 1889).

Sur les lignes ou sur les réseaux mis à la disposition de l'administration de la guerre, les compagnies de chemins de fer ne peuvent effectuer de transports de voyageurs, marchandises ou autres que dans les conditions spécifiées par le présent règlement (art. 19 et 30).

Les transports stratégiques comprennent :

Les transports de mobilisation, les transports de concentration, les transports de troupes nécessités par les opérations, les transports de ravitaillement, les transports d'évacuation, les transports de dislocation.

Ils se divisent en deux catégories :

1° Transports sur le réseau de l'intérieur ;

2° Transports sur le réseau des armées.

Le *réseau de l'intérieur* comprend les chemins de fer restant sous les ordres directs du Ministre de la guerre ; le *réseau des armées* comprend les chemins de fer mis à la disposition du commandant en chef des armées.

Division des voies ferrées entre le réseau de l'intérieur et le réseau des armées.

Art. 2. Au moment de la mobilisation et après entente avec le commandant en chef, le Ministre détermine la ligne de démarcation des deux réseaux et fixe la date à partir de laquelle le réseau des armées est placé sous l'autorité du commandant en chef.

La ligne de démarcation peut être modifiée au cours des opérations, de concert entre le Ministre et le commandant en chef.

Autorités qui ordonnent les transports stratégiques.

Art. 3. Les transports sont ordonnés par le Ministre sur le réseau de l'intérieur et par le commandant en chef sur le réseau des armées à partir de la date mentionnée à l'article 2.

Toutefois, les mouvements relatifs à la mobilisation et à la concentration qui doivent avoir lieu, après cette date, sur le réseau des armées continuent à y être exécutés dans les conditions prévues dès le temps de paix, à moins que des cas de force majeure n'obligent le commandant en chef à les modifier.

Les transports qui transitent d'un réseau sur l'autre sont toujours l'objet d'une entente préalable entre les autorités compétentes des deux réseaux.

Autorité chargée de la direction sur le réseau de l'intérieur.

Art. 4. Les transports ordonnés par le Ministre de la guerre sont réglés par le *chef d'état-major général de l'armée*, et l'exécution en est confiée aux *commissions de réseau* instituées par le décret du 5 février 1889 (art. 1 et 7).

Autorités chargées de la direction sur le réseau des armées.

Art. 5. Les transports ordonnés par le commandant en chef sont réglés par le *directeur des chemins de fer*, sous l'autorité supérieure du *directeur de l'arrière*.

Ils sont exécutés :

1o Par des *commissions de réseau*, à l'aide du personnel des chemins de fer nationaux, sur toutes les parties qui peuvent être confiées à ce personnel ;

2o Par des *commissions de chemins de fer de campagne*, à l'aide des troupes de chemins de fer, sur les autres parties.

Titres de transport.

Art. 6. L'exécution de chaque transport est justifiée par un titre dont la forme est prévue par des règlements spéciaux.

Il est toujours établi des titres distincts :

1o Pour les transports en deçà des stations de transition ;

2o Pour les transports au delà desdites stations.

Alimentation des troupes (hommes et chevaux) pendant les transports stratégiques.

Art. 7. L'alimentation des troupes (hommes et chevaux) pendant les transports stratégiques est réglée par une instruction ministérielle spéciale.

Préparation des transports stratégiques.

Art. 8. Toutes les dispositions relatives à l'organisation et l'exécution des transports de mobilisation, de concentration, de ravitaillement et d'évacuation sont étudiées et préparées dès le temps de paix. Le Ministre donne, à cet effet, toutes instructions utiles à l'état-major de l'armée, aux commandants de corps d'armée et aux différents services.

Il est de même procédé, dès le temps de paix, à l'étude des conditions dans lesquelles fonctionnera le service des chemins de fer sur les lignes de communication, soit sur le réseau de l'intérieur, soit sur le réseau des armées.

Toutes les autorités militaires ainsi que les fonctionnaires et agents des chemins de fer, qui coopèrent au travail de préparation des transports militaires en temps de guerre, doivent observer à ce sujet une discrétion *absolue* et tenir *secrets* tous les documents, plans, etc..., qui leur sont confiés. Ils ne doivent communiquer les ordres et instructions qu'ils ont reçus qu'aux officiers et fonctionnaires dûment qualifiés pour en prendre connaissance.

TITRE II.

TRANSPORTS EXÉCUTÉS SUR LE RÉSEAU DE L'INTÉRIEUR.

CHAPITRE Ier.

DISPOSITIONS GÉNÉRALES.

Personnel chargé de faire exécuter les transports.

Art. 9. Le *chef d'état-major général de l'armée* est chargé d'assurer l'exécution des transports ordonnés par le Ministre de la guerre et de donner toutes les instructions relatives à ce service.

Les transports sont exécutés sur le réseau de chacune des grandes compagnies et de l'État (y compris les lignes secondaires qui y sont rattachées), par les soins et sous la responsabilité d'une *commission de réseau* qui peut être assistée d'une ou plusieurs *sous-commissions de réseau* et qui dispose de *commissions de gare* (Décret du 5 février 1889, art. 2 et 7).

Les sous-commissions de réseau, sur les lignes qui leur sont attribuées, sont les agents d'exécution de la commission de réseau.

Les commissions de gare sont les agents locaux d'exécution des commissions de réseau, dont elles relèvent soit directement, soit par l'intermédiaire des sous-commissions de réseau, s'il en est établi.

Une instruction ministérielle spéciale fixe la composition et les attributions générales des commissions de gare, ainsi que les fonctions respectives du membre militaire et du membre technique qui les composent.

Les commissions de gare sont les intermédiaires obligés entre les troupes qui s'embarquent dans les gares, y débarquent ou les traversent, d'une part, et les agents du chemin de fer, d'autre part.

Le commissaire militaire de gare est commandant d'armes dans sa gare. Il est chargé spécialement de faire respecter les consignes militaires et techniques par toutes les troupes de passage; les commandants de ces troupes, *quel que soit leur grade*, doivent lui prêter leur concours pour en assurer l'exécution.

Dispositions communes aux divers organes de chemins de fer.

Art. 10. Dès le début de la mobilisation, ou plus tôt si le Ministre en donne l'ordre, les commissions de réseau, sous-commissions de réseau et commissions de gare sont en permanence au poste qui leur est assigné dès le temps de paix ; chacune d'elles est pourvue en temps utile de tous les renseignements et instructions nécessaires à l'exécution du service.

Les commissions de gare sont en relations constantes par le télégraphe des compagnies avec la commission (ou la sous-commission) de réseau dont elles relèvent, et lui adressent chaque jour un rapport écrit.

La spécialité de fonctions de chacun des agents militaire ou technique, des commissions et sous-commissions, doit être maintenue, dans l'exécution du service, de la façon la plus absolue. Toutefois, ces agents ne doivent pas perdre de vue que leur association a principalement pour but de concilier les exigences propres du service militaire avec celles du transport par chemins de fer, et de subordonner les unes aux autres, suivant les circonstances.

Emploi du télégraphe.

Art. 11. Les membres des commissions et sous-commissions de réseau et des commissions de gare sont autorisés à se servir du télégraphe de l'État et du télégraphe des chemins de fer pour tout ce qui est relatif à leurs fonctions, mais cette correspondance même est subordonnée aux exigences du service et de la marche des trains.

Les agents des compagnies ont le droit de se servir du télégraphe dans les mêmes conditions qu'en temps de paix et sans que l'expédition de leurs dépêches de service soit soumise au visa de l'autorité militaire.

En dehors des dépêches mentionnées aux paragraphes précédents, les télégrammes officiels ne peuvent être transmis par les fils des compagnies que si le service du chemin de fer le permet.

Dans ce cas, ces télégrammes ne sont admis à l'expédition qu'après avoir été visés par le commissaire militaire de gare, ou, à son défaut, par le chef de gare.

Surveillance des voies ferrées.

Art. 12. Sur le réseau de l'intérieur, la surveillance des voies ferrées est exercée conformément aux dispositions arrêtées, dès le temps de paix, par le Ministre.

CHAPITRE II.

RÈGLES D'EXÉCUTION DES TRANSPORTS.

Principes généraux.

Art. 13. Les transports stratégiques exécutés sur le réseau de l'intérieur s'effectuent en général conformément au règlement sur les transports ordinaires, sauf les modifications de détail qui peuvent être prescrites par le Ministre.

Si le départ d'une fraction de troupe ne peut s'effectuer par le train qui lui est assigné et qu'il ne soit pas possible de la mettre en route dans le délai prévu par les règlements ou ordres de service, des instructions sont demandées d'urgence à la commission de réseau, qui indique une nouvelle marche, après s'être entendue au préalable avec les commissions des réseaux de transit et de débarquement.

Le commandant de la troupe est informé de ces dispositions nouvelles par l'intermédiaire du commissaire militaire de la gare de départ.

Les trains qui subissent un retard en cours de route ne doivent jamais être retenus dans une gare de passage ou de bifurcation; ils sont réexpédiés dans les conditions techniques réglementaires, derrière le train après lequel ils se présentent.

Le retard dans la marche d'un train ne doit jamais être la cause d'un arrêt dans le débit de la ligne.

Dans le cas où la ligne a été obstruée ou interrompue, les agents militaires et techniques du réseau intéressé doivent prendre, dès que l'incident ou l'accident se produit, toutes les dispositions nécessaires pour en limiter les conséquences.

Si ces dispositions sont de nature à modifier les conditions prévues pour l'ensemble du mouvement sur les autres réseaux, il doit en être référé au Ministre, qui fixe les mesures définitives à prendre.

Avis à donner au public de la suppression du service normal.

Art. 14. Dès que les compagnies ont reçu du Ministre de la guerre l'avis que tous leurs moyens de transport doivent être mis à la disposition de l'administration de la guerre, elles prennent, dans le plus court délai possible, toutes les mesures nécessaires pour assurer la suppression des transports commerciaux, tant pour les voyageurs que pour les marchandises à grande et à petite vitesse.

Les trains en cours de route peuvent continuer leur marche jusqu'à destination si les nécessités de la préparation ou de l'exécution des transports militaires le permettent; mais, une fois déchargés, les wagons et les voitures sont dirigés sur les points d'expédition des trains militaires.

Le texte de l'avis susmentionné est affiché dans toutes les gares par chacune des compagnies intéressées, pour informer le public de la suppression des trains ordinaires de l'exploitation et, par suite, de la suppression de tous les délais prévus pour les transports.

Dans le cas où une partie seulement des moyens de transport des compagnies est requise pour assurer l'exécution de certains transports militaires, les mesures nécessaires sont prises pour informer le public de la suppression complète ou partielle des trains ordinaires de l'exploitation sur certaines lignes, et, par suite, de la suppression de tous les délais prévus pour les transports.

Mesures relatives aux marchandises.

Art. 15. Sur tout le réseau, les chefs de gare préviennent les expéditeurs d'avoir à reprendre les marchandises non encore parties ou de donner, sur les notes d'expédition, déclaration de la reconnaissance de l'état de choses créé par les ordres du Ministre de la guerre.

Dans les gares désignées pour la formation, le départ, les arrêts ou l'arrivée des trains militaires, les marchandises non encore expédiées sont déchargées, s'il y a lieu, et peuvent, au besoin, être camionnées d'office aux frais, risques et périls des expéditeurs, à leur domicile ou dans un entrepôt public ou privé.

Il en est de même des marchandises non enlevées par les destinataires.

Le commissaire militaire de la gare requiert, au besoin, les moyens de camionnage nécessaires.

Les dispositions du présent article ne sont pas applicables aux marchandises adressées directement aux corps de troupe et établissements de la guerre ou de la marine. Le transport de ces marchandises continue jusqu'à destination s'il ne gêne pas les mouvements de mobilisation. Dans le cas contraire, la continuation du transport est réglée par les commissions de réseau.

Augmentation du personnel et du matériel de certaines gares.

Art. 16. Si les gares désignées comme points de formation, de départ, d'arrivée ou d'arrêt des trains militaires ne comportent pas un personnel en rapport avec l'importance des opérations qu'elles ont à accomplir, les commissions de réseau dirigent sur ces gares un personnel complémentaire suffisant.

Des mesures analogues sont prises pour l'approvisionnement aux points convenables des agrès et objets nécessaires au service :

Ponts volants, rampes mobiles, cales ;

Appareils d'éclairage ;

Tonneaux et seaux pour l'eau destinée aux chevaux ;

Appareils télégraphiques, etc.

Exécution d'urgence, par les compagnies, des travaux indiqués par les commissions de réseau.

Art. 17. Les compagnies doivent exécuter d'urgence, au moment de la mobilisation, tous les travaux prévus dès le temps de paix en vue des transports stratégiques, ainsi que ceux qui peuvent leur être ordonnés au dernier moment par le Ministre.

Équipes volantes dans les gares de passage.

Art. 18. Dans les gares désignées à l'avance par les commissions de réseau, les compagnies entretiennent des équipes volantes pour visiter le matériel roulant, faire les réparations possibles et remplacer les voitures qui ne se trouveraient plus dans des conditions convenables de sécurité.

Transports commerciaux.

Art. 19. Les trains désignés sous la rubrique trains de service journalier (1) ou trains postes sur les livrets ou graphiques spéciaux militaires, ou sur les ordres de service des compagnies, établis pour le temps de guerre, peuvent être utilisés, dès le début de la mobilisation, pour les transports commerciaux, dans les conditions fixées par le Ministre.

En outre, sur la proposition des commissions de réseau, le Ministre autorise, lorsqu'il le juge utile, la reprise partielle ou complète des transports commerciaux pour les voyageurs et les marchandises. Les ordres de service établis par les commissions de réseau sont soumis à son approbation.

Lorsque, pour un réseau, cette reprise ne doit être que partielle, le Ministre fixe les lignes et, s'il y a lieu, les gares ouvertes aux transports commerciaux, le nombre maximum des trains qui pourront être affectés à ce service, enfin le matériel qui pourra être utilisé.

TITRE III.

TRANSPORTS EXÉCUTÉS SUR LE RÉSEAU DES ARMÉES.

CHAPITRE Ier.

DIRECTION D'ENSEMBLE DU SERVICE.

Directeur de l'arrière.

Art. 20. Le directeur de l'arrière a dans ses attributions la direction supérieure du service des chemins de fer sur le réseau des armées dans les conditions prévues par le règlement sur le service des armées en campagne et le règlement sur les services de l'arrière.

---

(1) Dès la suppression du service normal (art. 14), un certain nombre de trains, dits « trains de service journalier », sont mis en circulation dans les deux sens sur toutes les sections de ligne. Ces trains s'arrêtent dans toutes les gares et stations; ils ont une composition limitée, fixée pour chaque ligne par la commission de réseau, et sont destinés à effectuer les transports de faible importance pour les besoins militaires et ceux des services généraux. Ils peuvent, en outre, être utilisés pour les transports commerciaux dans la limite de la place qui reste disponible.

Il se tient en relations constantes avec le Ministre (état-major de l'armée) en vue d'assurer la coordination du service sur les lignes du réseau des armées et sur les lignes de l'intérieur. Ces relations ont notamment pour objet :

1º Le tracé des lignes de communication des armées en ce qui concerne les voies ferrées, les emplacements des principaux points de ces lignes (gares de rassemblement, stations-magasins, gares régulatrices, infirmeries de gare, points de répartition des malades et blessés, etc.) et des en-cas mobiles ;

2º Les demandes de matériel et de personnel à faire passer, temporairement ou d'une façon permanente, du réseau de l'intérieur sur le réseau des armées, et inversement ;

3º La communication réciproque de tous les tableaux de marche des trains militaires ;

4º Des informations réciproques sur les transports dirigés de l'intérieur vers les armées, ou des armées vers l'intérieur ;

5º Le déplacement en avant ou en arrière des stations de la ligne de démarcation, des stations-magasins, etc., et les modifications à apporter, en conséquence, à l'exploitation des lignes, etc.

Le directeur de l'arrière reçoit à cet effet, s'il y a lieu, les demandes ou propositions du directeur des chemins de fer.

Directeur des chemins de fer.

Art. 21. Le directeur des chemins de fer est chargé de la direction d'ensemble du service sur le réseau des armées, conformément aux dispositions du règlement sur le service des armées en campagne.

Il réside, en principe, auprès du directeur de l'arrière ; il est assisté :

1º D'un *personnel militaire* dont la composition est fixée par le Ministre et d'un *personnel technique* dont le tableau nº 1 (1), annexé au présent règlement, indique la composition ;

2º D'une *commission de réseau* par compagnie, pour assurer le service sur les lignes dont l'exploitation est confiée aux compagnies nationales en deçà des stations de transition ;

3º D'une ou plusieurs *commissions de chemins de fer de campagne* pour assurer le service sur les autres lignes du réseau des armées, au delà des stations de transition.

Il dispose, en outre, de troupes de chemins de fer (sapeurs de chemins de fer et sections de chemins de fer de campagne) et de

---

(1) L'effectif des agents affectés à chacun des services peut, suivant les circonstances, être diminué ou augmenté.

sections techniques de télégraphie militaire, qu'il peut mettre, suivant les circonstances, à la disposition soit des commissaires militaires des commissions de réseau, soit des présidents de commission de chemins de fer de campagne.

Il adresse au directeur de l'arrière toutes les demandes et propositions ayant pour but de coordonner d'une part le service des chemins de fer entre le réseau des armées et le réseau de l'intérieur, et, d'autre part, le service des chemins de fer et celui des étapes des diverses armées du groupe.

Indépendamment des objets visés à l'article 20 ci-dessus, ces demandes ou propositions concernent notamment :

La désignation de la commission régulatrice, avec laquelle chaque armée devra se tenir en relations directes ;

Le déplacement des commissions régulatrices, la fixation des lignes et des gares qui leur sont rattachées, et les ressources mises à leur disposition ;

Les modifications à apporter aux lieux de stationnement des en-cas mobiles dont le directeur de l'arrière aurait prescrit la constitution sur le réseau des armées;

Le déplacement des stations de transition ;

La détermination des lignes où l'exploitation devra être, soit abandonnée, soit rétablie, en raison des événements de guerre ; les lignes et ouvrages d'art à détruire ou à rétablir.

D'autre part, conformément aux instructions d'ensemble du directeur de l'arrière, le directeur des chemins de fer :

Établit et adresse aux commissions de réseau ou de chemins de fer de campagne des instructions pour l'organisation du service;

Fixe la date d'entrée en fonctions de chaque commission de chemins de fer de campagne et les limites du réseau qui lui est affecté;

Approuve les tableaux de marche qu'établissent les commissions de réseau et les commissions de chemins de fer de campagne ;

Répartit entre ces commissions le personnel et le matériel militaire ou technique mis à la disposition du général commandant en chef;

Fait donner satisfaction à leurs demandes de crédit ;

Adresse aux commissions de chemins de fer de campagne les ordres de service spéciaux nécessaires pour régler les détails qui ne sauraient être prévus dès le temps de paix, relativement à la comptabilité des transports sur les lignes qu'elles exploitent.

CHAPITRE II.

PERSONNEL CHARGÉ DE L'EXÉCUTION DU SERVICE EN DEÇA DES STATIONS DE TRANSITION.

Commissions de réseau.

Art. 22. Sur les lignes du réseau des armées dont l'exploitation est confiée au personnel des chemins de fer nationaux, le service est exécuté par les *commissions de réseau* organisées et composées conformément aux prescriptions du décret du 5 février 1889 (art. 8).

Les commissions de réseau fonctionnant sur le réseau des armées ont les mêmes attributions que celles établies sur le réseau de l'intérieur. Elles sont immédiatement subordonnées au directeur des chemins de fer. Elles lui adressent un rapport journalier et lui présentent toutes leurs demandes et propositions.

Les commissions de réseau disposent ou peuvent disposer de sous-commissions de réseau, de commissions régulatrices et de commissions de gare.

Les sous-commissions de réseau ont la même composition et les mêmes attributions que les organes similaires qui fonctionnent sur le réseau de l'intérieur.

Commissions régulatrices.

Art. 23. La composition des commissions régulatrices est la même que celle des sous-commissions de réseau. Il est affecté à chacune d'elles un réseau spécial d'exploitation. Elles siègent aux *gares régulatrices*.

Les commissions régulatrices se tiennent en relations avec l'armée ou les armées que leurs lignes sont appelées à desservir, reçoivent les demandes de transport, de ravitaillement et d'évacuation et y donnent satisfaction dans les conditions indiquées aux chapitres III et IV du titre IV.

Afin que les commissions régulatrices puissent faire en temps utile les prévisions nécessaires pour l'organisation et le fonctionnement de leur service, chacune d'elles est tenue au courant, au moins sommairement par le directeur des étapes et des services, de la marche des opérations et des projets du comman-

dement; elle est avisée également par cet officier général des déplacements des quartiers généraux de l'armée et de la direction
des étapes et des services. En outre, elle se tient en relations
avec les commissions régulatrices voisines. En cas de nécessité,
une commission régulatrice peut assurer temporairement et par-
tiellement le service d'une armée desservie par une autre commission régulatrice, après entente avec cette dernière.

En dehors de ses fonctions relatives au service des chemins
de fer, le commissaire militaire de la commission régulatrice
(commissaire militaire régulateur) possède, en ce qui concerne
le service des étapes, des attributions spéciales définies par le
règlement sur les services de l'arrière (art. 66).

Commissions de gare.

Art. 24 Les commissions de gare ont la même composition et
les mêmes attributions que les organes similaires qui fonctionnent sur le réseau de l'intérieur. Leur nombre et leur emplacement sont fixés par le directeur des chemins de fer sur la proposition des commissions de réseau intéressées.

Quand des commandements d'étapes sont établis dans les localités desservies par des gares où siègent des commissions de gare,
les commissaires militaires de ces dernières se maintiennent en
relations avec les commandants d'étapes et se concertent avec
eux pour les mesures intéressant :

Le débarquement et l'embarquement du personnel et du matériel ;

Le logement, l'alimentation, le service médical des troupes
appelées à stationner, et, s'il est nécessaire, du personnel du
service des chemins de fer ;

La sécurité et la défense de la gare et de la voie, dans le
rayon du commandement d'étapes ;

Enfin, en cas d'urgence, l'envoi de détachements de police
et de travailleurs sur les points où la présence de ces détachements est nécessaire.

Le commissaire militaire de gare a pour devoir de veiller à ce
que les abords de la gare ne soient jamais encombrés.

Il appartient au commandant d'étapes de faire emmagasiner
en dehors de la gare les denrées et le matériel qui doivent être
déchargés, de loger les troupes qui doivent séjourner et de former,
le cas échéant, les convois à diriger sur l'armée.

Les commissions de gare reçoivent des commandants d'étapes
ou des autorités locales du territoire les demandes de transports
à effectuer par les trains réguliers et leur donnent satisfaction.
Si les demandes excèdent les moyens prévus, elles prennent les
ordres de la commission de chemins de fer dont elles dépendent.

A défaut de commandant d'étapes, le service des étapes peut être confié au commissaire militaire. Dans ce cas, celui-ci relève, au point de vue de ce service, de l'autorité d'étapes de la circonscription à laquelle il appartient.

Dans les localités desservies par les gares régulatrices, le commissaire militaire régulateur exerce les fonctions de commandant d'étapes et, en conséquence, règle les relations entre la commission de gare et le service des étapes.

CHAPITRE III.

PERSONNEL CHARGÉ DE L'EXÉCUTION DU SERVICE AU DELA DES STATIONS DE TRANSITION.

Commissions de chemins de fer de campagne.

Art. 25. L'exploitation militaire des sections de voies ferrées au delà des stations de transition est confiée à des *commissions de chemins de fer de campagne* dont le nombre est déterminé par le directeur de l'arrière.

Le personnel de ces commissions est nommé, pour la première formation, par le Ministre de la guerre et mis à la disposition des armées, quand il est nécessaire, sur la demande du directeur de l'arrière. Les modifications qu'il peut y avoir lieu d'apporter ultérieurement dans le personnel des commissions sont prescrites par le directeur des chemins de fer.

Chaque commission comprend (tableau n° 2) :

Un officier supérieur, du service d'état-major, président;

Un ingénieur de chemins de fer, qui peut être le commandant de la section de chemins de fer de campagne mise à la disposition de la commission, ou, s'il existe plusieurs sections, l'un des commandants désigné par le directeur des chemins de fer.

Le président est, en toutes circonstances, le chef militaire de la commission (1). Lorsqu'il juge que les circonstances lui imposent de couvrir la responsabilité particulière du membre technique en engageant la sienne, celui-ci doit déférer aux ordres qu'il donne.

---

(1) Par application des dispositions du règlement sur le service des armées en campagne, le président de la commission de chemins de fer de campagne exerce, à grade égal, le commandement sur tous les officiers chefs des détachements mis à sa disposition (art. 26 suivant).

Le président a comme adjoint un capitaine du service d'état-major, qui, en cas d'absence ou d'empêchement, le supplée entièrement, en ayant la délégation de sa signature. La commission dispose, en outre, d'un personnel auxiliaire (secrétaires et plantons) dont la composition est fixée par le Ministre.

La date d'entrée en fonctions de chaque commission et les limites du réseau qui lui est affecté sont fixées par le directeur des chemins de fer.

Personnel mis à la disposition des présidents des commissions de chemins de fer de campagne. — Matériel d'exploitation.

Art. 26. Le personnel comprend, conformément au décret du 5 février 1889 :

Une ou plusieurs compagnies de *sapeurs de chemins de fer*;

Une ou plusieurs *sections de chemins de fer de campagne*;

Une ou plusieurs sections techniques de télégraphie militaire;

Des *commissions de gare*;

Éventuellement, un *détachement de gendarmerie* spécialement affecté à la police des trains et des gares.

La composition et les attributions des commissions de gare sont les mêmes que celles des commissions de gare dépendant des commissions de réseau. Le chef de gare et le personnel technique en sous-ordre sont fournis par les sections de chemins de fer de campagne ou, en cas de nécessité, par les compagnies de sapeurs de chemins de fer.

Le matériel et les approvisionnements nécessaires à l'exploitation sont fournis aux commissions de chemins de fer de campagne dans les conditions déterminées par le Ministre de la guerre.

Le matériel et les approvisionnements de remplacement ou de complément, qui pourraient être nécessaires aux cours des opérations, leur sont fournis par les soins du directeur de l'arrière. La livraison en est faite aux stations de transition.

Attributions des commissions de chemins de fer de campagne.

Art. 27. Les commissions de chemins de fer de campagne reçoivent leurs instructions du directeur des chemins de fer qui se maintient en communications constantes avec leurs présidents.

Elles sont chargées :

Des travaux de construction, de réparation et de destruction de la voie et des ouvrages d'art;

Du choix et de l'installation des stations ouvertes au service des transports (infirmeries de gare, haltes-repas, embarquement, débarquement, etc., etc.) ;

De l'exploitation des sections qui leur sont affectées ;

De l'exécution des travaux d'entretien de la voie ;

De la police des trains et des gares.

Les attributions spéciales de chacun des membres sont celles définies par le décret du 5 février 1889 pour les commissions de réseau.

Le plus souvent les sections de chemins de fer de campagne prolongent progressivement l'exploitation des compagnies nationales au delà des stations de transition, en entrant en action par subdivisions successives ; les subdivisions ainsi employées peuvent être, au début simplement rattachées à une commission régulatrice déjà existante, dont le commissaire régulateur fait alors fonctions de président de commission de chemins de fer de campagne.

Ultérieurement, lorsque le réseau exploité par les sections de chemins de fer de campagne vient à se développer, il est créé une commission régulatrice spéciale, dont les fonctions peuvent d'ailleurs être cumulées avec les siennes propres par la commission de chemins de fer de campagne. Enfin, au fur et à mesure que les circonstances l'exigent, il peut être créé de nouvelles commissions régulatrices, qui relèvent alors de la commission de chemins de fer de campagne sur le réseau de laquelle elles se trouvent. Ces commissions régulatrices ont la même composition et les mêmes attributions que celles relevant des commissions de réseau (art. 23).

Désignation à l'avance du personnel d'un certain nombre de commissions.

Art. 28. Le personnel d'un certain nombre de commissions de chemins de fer de campagne est tenu constamment au complet. La désignation en est faite par le Ministre.

En temps de paix, une ou plusieurs commissions de chemins de fer de campagne sont réunies chaque année pour effectuer un voyage d'études suivant un programme déterminé par le Ministre.

CHAPITRE IV

RÈGLES D'EXPLOITATION.

Principe général.

Art. 29. Les transports stratégiques exécutés sur le réseau des armées s'effectuent, en général, conformément aux dispositions du règlement sur les transports ordinaires, sauf les modifications que le directeur de l'arrière juge nécessaire de prescrire en raison des circonstances de guerre.

Transports privés.

Art. 30. Sur le réseau des armées, les lignes ferrées sont fermées, en principe, au transport des voyageurs civils et des objets privés.

On entend par objets privés tous ceux que l'administration de la guerre n'a pas pris effectivement en charge. Toutefois, ne sont pas considérés comme objets privés les approvisionnements adressés directement aux corps de troupe ou aux services des armées.

Par dérogation aux dispositions du paragraphe 1er, le commandant des armées peut autoriser l'ouverture au service commercial de certaines lignes du réseau des armées. Pour l'organisation du service sur ces lignes ainsi ouvertes au trafic privé, le directeur de l'arrière exerce les mêmes attributions que le Ministre sur les lignes similaires du réseau de l'intérieur (art. 19).

Les dispositions arrêtées pour cette exploitation sont communiquées au Ministre toutes les fois qu'elles se rapportent à des lignes en correspondance directe avec celles du réseau de l'intérieur.

Sur le réseau des armées, les trains de service journalier (et éventuellement les trains-poste) peuvent être utilisés pour les transports commerciaux, dans les mêmes conditions que sur le réseau de l'intérieur, à moins d'ordres contraires du général en chef, pour certaines lignes ou pour l'ensemble du réseau.

Ordres de service pour le mouvement et pour la comptabilité.

Art. 31. La circulation des trains sur les lignes en deçà des stations de transition s'effectue conformément aux règlements des compagnies exploitantes. Au delà des stations de transition, les sections de chemins de fer de campagne continuent à se conformer, autant que possible, pour l'exploitation, aux règlements des compagnies qui les ont fournies. Elles appliquent également les règles de comptabilité en vigueur dans ces compagnies pour les transports effectués sur les lignes qui leur sont confiées.

Des ordres de service spéciaux règlent les détails qui ne sauraient être prévus en temps de paix.

CHAPITRE V.

PROTECTION DE LA VOIE ET DES TRAINS.

Protection de la voie ferrée.

Art. 32. Dans la zone occupée par les troupes d'opérations, la protection des voies ferrées incombe aux commandants de ces troupes.

En dehors de cette zone, la protection des voies ferrées est assurée :

1º Contre les entreprises que peuvent effectuer des forces ennemies importantes : par des dispositions qui rentrent dans le domaine des opérations militaires et qu'il appartient au commandant en chef des troupes de prévoir;

2º Contre les tentatives de destruction, qui peuvent provenir des partisans, ou, en pays ennemi, des habitants, par des mesures locales dont l'exécution incombe :

a) *Sur le territoire national*, aux commandants des subdivisions de région, qui, à moins d'instructions complémentaires du directeur de l'arrière, se conforment aux dispositions arrêtées dès le temps de paix par le Ministre;

b) *Au delà de la frontière*, aux commandants d'étapes, sous l'autorité des commandants territoriaux particuliers, ou directeurs des étapes et des services.

La préparation de ces mesures est concertée entre les autorités territoriales visées ci-dessus et les commissions de chemins de fer intéressées. Il est rendu compte des dispositions arrêtées : au directeur de l'arrière par l'intermédiaire, soit des directeurs des étapes et des services, soit des commandants territoriaux particuliers, soit enfin des commandants de région, et au directeur des chemins de fer par les commissions de chemins de fer. En cas de contestation entre les deux services, le directeur de l'arrière arrête définitivement les dispositions à prendre.

Dans le cas d'urgence, les commissions de chemins de fer, ainsi que les commissaires militaires de gare, ont le droit d'adresser des réquisitions de troupes aux commandants des localités voisines (ou commandants d'étapes) ou aux commandants des colonnes mobiles.

Protection des trains.

Art. 33. Sur les sections dont la voie est exposée aux tentatives de l'ennemi, l'expédition des trains doit être précédée de l'échange, avec les postes en avant, de renseignements sur la voie à parcourir. Pour prévenir toute surprise, le texte des dépêches échangées est précédé de signes de convention.

Les commissaires militaires de gare ou, à leur défaut, les chefs de gare font connaître au chef de la troupe embarquée, soit à la gare de départ, soit aux gares intermédiaires, la situation de la ligne et les renseignements recueillis. D'après ces renseignements et si les circonstances l'exigent, le chef de la troupe prend sous sa responsabilité la direction du train ; les agents techniques de l'exploitation doivent déférer à ses ordres.

Les trains de matériel reçoivent par les soins des commandants d'étapes, lorsqu'il est nécessaire, sur la réquisition des commissaires militaires de gare, une escorte d'infanterie, groupée, autant que possible, vers la tête du train. Le chef de l'escorte prend éventuellement la direction du train, comme il est dit ci-dessus.

Destruction de la voie et des ouvrages d'art.

Art. 34. Sur le réseau des armées, la mise hors de service des voies ferrées et la destruction des ouvrages d'art situés sur les dites voies ne peuvent être ordonnées que par le Ministre, jusqu'au moment où le général commandant en chef lui aura notifié télégraphiquement sa prise de commandement.

A partir de ce moment, ces opérations ne peuvent être ordonnées que : par le commandant en chef du groupe d'armée (ou de l'armée opérant isolément) et par délégation, par les commandants d'armée encadrée et le directeur de l'arrière, dans les conditions prévues par le règlement sur la mise en œuvre des dispositifs de mine.

La destruction ou la mise hors de service de la voie et des ouvrages d'art est effectuée :

1° Pour les dispositifs permanents, pour lesquels le matériel est réuni dès le temps de paix, dans les conditions prévues par le règlement sur la mise en œuvre des dispositifs de mine, et par le personnel désigné pour cette mission ;

2° Pour les dispositifs permanents auxquels ne sont affectés, en temps de paix, ni matériel ni personnel, ainsi que pour les dispositifs improvisés, par les troupes de chemins de fer ou par toute autre troupe susceptible d'être utilisée à cet effet.

TITRE IV.

FONCTIONNEMENT GÉNÉRAL DU SERVICE DE RAVITAILLEMENT ET D'ÉVACUATION DES ARMÉES.

CHAPITRE Ier.

ROLE DES GARES DE RASSEMBLEMENT ET DES STATIONS-MAGASINS.

Réunion aux gares de rassemblement du personnel et du matériel à destination des armées.

Art. 35. Afin de prévenir toute confusion aux gares d'arrivée, tous les transports de personnel et de matériel à destination des corps et services de l'armée, et prenant leur origine dans la circonscription territoriale d'un corps d'armée, sont dirigés, en principe, par les corps et services expéditeurs, sur la gare de rassemblement assignée à cette région territoriale.

A partir de cette gare, les transports, réunis autant que possible en trains complets sont dirigés, sans rompre charge, sur la gare régulatrice.

Evacuation du personnel et du matériel vers l'intérieur.

Art. 36. Les transports de personnel et de matériel de l'armée vers l'intérieur sont divisés par destination (gares de rassemblement, gares de répartition, stations-magasins, établissements divers) par les soins des commissions régulatrices.

Rôle des gares de rassemblement.

Art. 37. Les commissions de gare de rassemblement ont pour mission d'assurer :

1° La continuation des transports de personnel et de matériel à destination des armées;

2° La répartition par destination du personnel et du matériel en provenance des armées;

Le matériel de passage dans les gares de rassemblement doit continuer sa route, sans retard, après un simple triage, ne donnant lieu à aucune écriture.

Toutefois, les expéditions qui ont pour première destination la gare de rassemblement doivent être dirigées, après avoir été groupées, s'il y a lieu, sur leur nouvelle destination accompagnées des titres de transport réglementaires, dans les conditions indiquées à l'article 57 ci-après.

Un personnel spécial, dont la composition est déterminée par une instruction ministérielle, est mis à la disposition des commissions de gare de rassemblement.

Rôle des stations-magasins.

Art. 38. Les stations-magasins servent à maintenir disponibles à une distance peu considérable du théâtre de la guerre des approvisionnements de toute nature.

Affectation des stations-magasins.

Art. 39. L'affectation et les conditions d'utilisation des stations-magasins sont fixées, initialement, par le Ministre et, à partir d'une date déterminée, par le directeur de l'arrière.

Ce dernier prescrit ou provoque, en cas de nécessité, à partir de la même date, le déplacement des stations-magasins existantes ou la création de nouvelles.

Personnel et locaux de stations-magasins.

Art. 40. Chaque station-magasin est placée sous le commandement d'un officier supérieur qui est commissaire militaire de la gare. En ce qui concerne le service des étapes, ses attributions sont définies par les articles 37, 38 et 39 du règlement sur les services de l'arrière. En ce qui concerne le service des chemins de fer, il prend avec le chef de gare toutes les dispositions nécessaires pour assurer la formation, le chargement et le départ des trains.

La composition du personnel des divers services représentés à la station-magasin est determinée par une instruction ministérielle.

Les emplacements et locaux sont, dès le temps de paix, répartis et organisés d'une manière distincte par service (artillerie, génie, télégraphie, santé, subsistances, habillement et campement). La répartition des emplacements et locaux ne peut être modifiée que par le commissaire militaire de la station-magasin.

Constitution et renouvellement des approvisionnements des stations-magasins.

Art. 41. Le mode de constitution et de renouvellement des approvisionnements des stations-magasins est fixé par des instructions spéciales.

Ces approvisionnements proviennent soit de stocks réunis dès le temps de paix dans les stations-magasins, soit de l'exploitation directe des ressources de zones immédiatement voisines (zone de ravitaillement direct), soit d'expéditions faites au fur et à mesure des besoins par des centres spéciaux : gares de répartition de stations-magasins, gares de groupement de bétail, gares de groupement de foin pressé, arsenaux, établissements divers.

Des trains facultatifs sont prévus entre ces gares ou arsenaux et les stations-magasins intéressées.

Règles relatives au déchargement aux stations-magasins.

Art. 42. En règle générale, le matériel, les denrées et le bétail dirigés par voie ferrée sur la station-magasin doivent y être immédiatement déchargés.

Les agents de chaque service procèdent alors sans délai à la reconnaissance, à la réception et à l'emmagasinement.

Toutefois, on doit s'abstenir de décharger les wagons qu'il y aurait utilité à faire entrer dans la composition des trains à expédier à court délai vers l'armée.

En cas de réexpédition sans déchargement, le matériel est simplement reconnu par les agents comptables à l'aide des titres de transport.

CHAPITRE II.

ORGANISATION DU SERVICE SUR LES LIGNES DE COMMUNICATION.

Service entre les gares de rassemblement et la gare régulatrice.

Art. 43. Entre les gares de rassemblement et la gare régulatrice, les transports normaux (petits renforts en hommes et chevaux, service postal, colis des corps, etc.) sont assurés chaque jour par un train dit train régulier et journalier.

Lorsque l'importance des effectifs ou du matériel à transporter dépasse la contenance d'un train, le train régulier et journalier peut être dédoublé conformément aux instructions de la commission de réseau dont dépend la gare de rassemblement.

Dans le cas où le train régulier et journalier, même dédoublé, est insuffisant pour assurer les expéditions d'une gare de rassemblement sur l'armée, il appartient au Ministre après entente, s'il y a lieu, avec le directeur de l'arrière, de prescrire la formation de trains spéciaux entre les gares de rassemblement et la gare régulatrice.

Un télégramme spécial adressé chaque jour à la commission régulatrice par les commissions de gares de rassemblement, sitôt après le départ du train régulier et journalier, indique le nombre d'hommes et de chevaux transportés par ce train et, éventuellement, s'il a été dédoublé.

Service entre les stations-magasins et la gare régulatrice.

Art. 44. Entre les stations-magasins et la gare régulatrice, et inversement, les expéditions se font :

1° Par des trains réguliers;

2° Par des trains facultatifs, mis à la disposition *exclusive* de la commission régulatrice;

3° S'il est nécessaire, par d'autres trains facultatifs mis temporairement à la disposition de la commission régulatrice.

Le mouvement des uns et des autres est préparé par les commissions de réseau et de chemins de fer de campagne et approuvé par le directeur des chemins de fer. Il est approuvé par le Ministre, en ce qui le concerne, si la station-magasin est située sur le réseau de l'intérieur.

La commission régulatrice fixe les trains facultatifs par lesquels sont envoyés les ravitaillements quotidiens des stations-magasins sur la gare régulatrice. Les autres trains facultatifs servent aux ravitaillements éventuels : aucun d'eux ne peut être envoyé d'une station-magasin sur la gare régulatrice sans l'ordre ou l'assentiment de la commission régulatrice.

Service au delà de la gare régulatrice.

Art. 45. Entre la gare régulatrice et les gares points de contact entre le service des chemins de fer, d'une part, et les équipages de l'armée ou le service des étapes, d'autre part, l'exploitation est assurée : 1° par les trains de service journalier; 2° par des trains mis en marche suivant les besoins, par la commission régulatrice.

Quand les chemins de fer desservent directement les équipages des troupes d'opérations, les trains sont dirigés sur les gares de ravitaillement désignées, comme il est dit au chapitre III du présent titre.

Quand des routes d'étapes ont été organisées, les trains sont dirigés sur les gares origines d'étapes, comme il est dit au chapitre IV du présent titre.

En-cas mobiles.

Art. 46. En vue de hâter l'expédition de certains approvisionnements, en particulier des munitions et des vivres, le directeur des étapes et des services peut prescrire, après entente avec la commission régulatrice, le maintien en permanence, sur wagons chargés, d'une certaine quantité de ces approvisionnements, qui constituent dès lors des « en-cas mobiles ». Ces en-cas mobiles sont garés dans la zone d'action des commissions régulatrices.

Au nombre de ces en-cas mobiles figurent l'échelon de gare régulatrice des grands parcs d'artillerie et le jour de vivres de réserve sur wagons, généralement constitué à la gare régulatrice (règlement sur les services de l'arrière, art. 78 et 108).

Le directeur de l'arrière peut prescrire en outre la constitution d'en-cas mobiles à sa disposition, en particulier pour les munitions; ces en-cas mobiles peuvent être groupés ou répartis dans des gares choisies, soit sur le réseau des armées, soit, après entente avec le Ministre, sur le réseau de l'intérieur

Le nombre des en-cas mobiles à constituer doit toujours être réduit au minimum afin de ne pas encombrer les garages disponibles; on doit éviter également de les pousser prématurément trop loin en avant. En particulier les en-cas mobiles garés dans la zone d'action des gares régulatrices doivent rester, en principe, à proximité des gares régulatrices et n'être poussés à proximité des gares de ravitaillement que lorsque leur utilisation est prévue à brève échéance.

CHAPITRE III.

FONCTIONNEMENT DU SERVICE QUAND IL N'EXISTE PAS DE ROUTES D'ÉTAPES.

Formation des trains.

Art. 47. Quand les chemins de fer desservent directement les équipages des troupes d'opérations, les gares de ravitaillement pouvant varier chaque jour, les trains destinés aux divers corps d'armée transportent, s'il en est besoin, le personnel, les corvées et le matériel nécessaires, pour :

Constituer les commissions de gare et éventuellement, des commandements d'étapes, aux gares de ravitaillement ;

Faire la livraison des denrées ou du matériel aux troupes ;

Opérer les déchargements ;

Assurer l'embarquement des hommes et le chargement du matériel à évacuer en retour.

Ce personnel, ces corvées et ce matériel sont fournis, en principe, par le commandement d'étapes établi dans la localité desservie par la gare régulatrice.

Ravitaillement quotidien.

Art. 48. Le ravitaillement quotidien s'exécute dans les conditions indiquées par les articles 149 et 153 du règlement sur les services de l'arrière.

Les directeurs des étapes et des services donnent les instructions nécessaires de façon à avoir toujours un jour de ravitaillement quotidien disponible, pour l'effectif de leur armée à la gare régulatrice ou dans les gares voisines. Ces approvisionnements peuvent rester sur wagons.

Le ravitaillement quotidien fonctionne *automatiquement* sans demandes préalables et s'opère en des gares de ravitaillement fixées par le commandant de l'armée pour les corps d'armée ou éléments d'armée, par le directeur des étapes et des services pour les éléments placés sous ses ordres directs.

Dès son installation et chaque fois qu'il est nécessaire, la commission régulatrice fait connaître au général commandant l'armée et au directeur des étapes et des services (1) les gares qui pourront être utilisées par l'armée comme gares de ravitaillement, ainsi que leur rendement au point de vue du ravitaillement et la durée moyenne du trajet entre ces gares et la gare régulatrice (2).

D'après ces renseignements, le général commandant l'armée et le directeur des étapes et des services, s'il y a lieu, notifient chaque jour par télégramme, à la commission régulatrice, les gares de ravitaillement pour le lendemain, ainsi que l'heure à laquelle devra commencer le ravitaillement dans ces gares.

La commission régulatrice s'efforce de faire toujours arriver les trains de ravitaillement à destination dans les délais fixés par le commandement.

A cet effet, lorsque la distance des armées à la gare régulatrice devient trop considérable pour permettre d'assurer dans de bonnes conditions le service du ravitaillement, la commission régulatrice peut constituer, à proximité de l'armée, une annexe de la gare régulatrice dans une gare pourvue des installations nécessaires. Les trains sont envoyés tout formés de la gare régulatrice sur la gare annexe où ils sont garés jusqu'à ce que la commission régulatrice ait fait connaître télégraphiquement la destination définitive à leur donner.

Qu'une gare annexe soit ou non utilisée, les communications de l'armée sont toujours adressées à la commission régulatrice.

Courrier postal.

Art. 49. Le courrier postal arrive, en principe, à la gare régulatrice par les trains réguliers. Il est dirigé par les trains de ravitaillement sur les gares de ravitaillement désignées par le général commandant l'armée.

Ravitaillements éventuels.

Art. 50. Les ravitaillements éventuels sont destinés à satisfaire

---

(1) En cas d'urgence, télégraphiquement.
(2) Voir aux annexes le tableau n° 3. Si la communication est faite par télégramme, le tableau est joint à la confirmation.

aux besoins non journaliers de l'armée. Ils sont provoqués par des demandes que le directeur des étapes et des services reçoit directement des corps d'armée et éléments d'armée.

Ils s'effectuent dans les conditions indiquées par les articles 150 et 156 du règlement sur les services de l'arrière.

Lorsque les commandes n'ont pas été adressées par l'intermédiaire du commissaire régulateur, le directeur des étapes et des services lui en donne communication en lui indiquant l'ordre d'urgence des transports.

Les expéditions qui proviennent de la station-magasin ou qui y passent sont dirigées sur la gare régulatrice soit par les trains réguliers, soit par les trains facultatifs désignés par la commission régulatrice sur la demande de la commission de gare de la station-magasin.

Les trains de ravitaillement dirigés de l'intérieur sur une gare régulatrice sans passer par une station-magasin sont réglés par entente entre les commissions de réseau intéressées et la commission régulatrice.

La commission régulatrice avise de l'arrivée de toute expédition le directeur des étapes et des services qui, d'après les instructions du commandant de l'armée et les renseignements fournis par la commission régulatrice, fixe les gares, dates et heures auxquelles les corps et services destinataires devront prendre livraison de ces expéditions.

Les ravitaillements éventuels sont assurés, s'il est possible, par les trains réguliers (trains de ravitaillement quotidien et trains de service journalier) et, en cas d'insuffisance de ces trains, par des trains supplémentaires qui sont mis en marche par la commission régulatrice.

Evacuations.

Art. 51. En principe, les évacuations journalières de personnel se font, sans demande spéciale :

1° Des gares de ravitaillement, sur la gare régulatrice, par le retour des trains de ravitaillement quotidien;

2° De toutes les gares, par les trains de service journalier, pour les malades et blessés pouvant voyager assis.

Pour les évacuations exigeant des trains complets, les demandes sont adressées à la commission régulatrice par le directeur des étapes et des services auquel ont été ou seront remis le personnel et le matériel à évacuer.

Ces demandes spécifient :

Pour le matériel : la nature du matériel et le nombre approximatif de wagons nécessaires au transport.

Pour le personnel le nombre des : { hommes valides, malades ou blessés { pouvant voyager assis, devant voyager couchés.

Le directeur des étapes et des services fait connaître, en outre, à la commission régulatrice :

1° Par ordre de préférence, les gares où les évacuations pourraient être effectuées;

2° La date et l'heure à partir desquelles les embarquements pourraient commencer.

La commission régulatrice indique au directeur des étapes et des services les gares, dates et heures où les embarquements auront lieu.

Dans le cas où les évacuations doivent se prolonger quelque temps (évacuations après une bataille par exemple), le directeur des étapes et des services peut déléguer les attributions définies ci-dessus aux autorités locales (commandant d'étapes de champ de bataille, commandant d'étapes de gare d'évacuation). Les évacuations sont alors réglées de concert entre le commandant d'étapes du champ de bataille et le commandant d'étapes de la gare d'évacuation, en ce qui concerne les mouvements par voie de terre, la commission de gare de la gare d'évacuation et la commission régulatrice, pour les transports par voie ferrée.

De la gare régulatrice :

1° Le matériel est expédié sur les points de destination;

2° Le personnel est dirigé : les malades et blessés sur les gares points de répartition des malades et blessés de l'intérieur, et les prisonniers sur les points de destination fixés par le Ministre.

Avis préalable à donner au service des chemins de fer en cas de transports d'importance exceptionnelle.

Art. 52. Dès que la marche des opérations fait prévoir l'éventualité de transports de ravitaillement ou d'évacuation d'importance exceptionnelle, le commandant de l'armée en informe le directeur des étapes et des services. Celui-ci avise immédiatement la commission régulatrice de la date et de l'importance probable des transports, afin qu'il soit possible au service des chemins de fer de préparer toutes les mesures nécessaires pour en assurer l'exécution.

CHAPITRE IV

FONCTIONNEMENT DU SERVICE, QUAND IL EXISTE DES ROUTES D'ÉTAPES.

Organisation.

Art. 53. Quand des routes d'étapes ont été organisées, l'emplacement des gares origine d'étapes est fixé par le directeur des étapes et des services d'accord avec la commission régulatrice.

Ces gares origines d'étapes comportent normalement une commission de gare et un commandement d'étapes dont le personnel assure le service de chargement et de déchargement des trains.

Exécution du service.

Art. 54. Les envois de l'intérieur vers l'armée sont livrés par la commission régulatrice au service des étapes, dans les gares origines d'étapes.

Dès l'arrivée aux gares origines d'étapes, le matériel et les denrées sont immédiatement débarqués et remis au service compétent des étapes qui en donne décharge au chef de gare et qui en assure, soit le déchargement immédiat en gare sur les équipages de l'armée, soit le dépôt dans les magasins du lieu. En tout état de cause, ce dépôt ne devra jamais être installé dans la gare.

Le personnel et le matériel à évacuer sont livrés au service des chemins de fer par le service des étapes dans les mêmes gares.

Les demandes de transport sont établies et les transports exécutés comme il est prescrit aux articles 50, 51 et 52.

TITRE V

DISPOSITIONS PARTICULIÈRES AUX TRANSPORTS EN TEMPS DE GUERRE DU MATÉRIEL MILITAIRE SANS TROUPE.

Demandes d'ordre de transport.

Art. 55. — a) *Sur le réseau de l'intérieur.* — A dater du jour où paraît le décret de mobilisation, il est interdit aux divers services du ministère de la guerre et aux autorités militaires territoriales de délivrer des ordres de transport pour *des expéditions non prévues dès le temps de paix*, sans en avoir au préalable reçu l'ordre ou l'autorisation du Ministre.

Les demandes d'ordre de transport sont adressées dans ce cas au Ministre (Etat-Major de l'Armée; 4° Bureau) en double expédition; ces demandes sont établies d'une façon distincte par service pour chacune des gares qui doivent recevoir des ordres de transport.

L'une des expéditions est renvoyée à l'autorité de laquelle elle émane, complétée par un numéro de classement par gare, par l'indication du train de départ et par l'itinéraire.

La seconde expédition est conservée par la commission de réseau, dont dépend la gare de départ; la commission de réseau donne les avis nécessaires au personnel de la compagnie de départ et aux commissions de réseau (ou de chemins de fer **de** campagne) de transit et d'arrivée.

b) *Sur le réseau des armées.* — Les organes du service militaire des chemins de fer auxquels les directeurs des étapes et des services et les commandants d'étapes doivent adresser leurs demandes de transport sont fixés par le règlement sur les services de l'arrière.

Les demandes de transport des autres autorités territoriales de la zone des armées sont adressées au directeur de l'arrière qui les fait notifier pour exécution, par l'intermédiaire du directeur des chemins de fer et en indiquant le degré d'urgence, aux organes intéressés du service des chemins de fer (commissions ou sous-commissions de réseau, commissions de chemins de fer de campagne).

Désignation par le Ministre et par le directeur de l'arrière des gares
ouvertes à la remise directe des ordres de transport.

Art. 56. Le Ministre (Etat-Major de l'armée) pour le réseau de l'intérieur, et le directeur de l'arrière pour le réseau des armées, après s'être rendu compte du mouvement général du matériel transporté, peuvent donner, à partir d'une certaine date, aux autorités qui ont qualité pour établir des ordres de transport (Instruction relative à l'établissement et l'emploi des titres de transport en cas de mobilisation générale), le droit d'adresser directement ces ordres, pour toutes ou pour certaines destinations, aux gares situées sur les lignes qu'ils désignent spécialement.

Cette faculté est déléguée de plein droit dès l'ouverture des lignes de communication, aux autorités appelées à utiliser ces lignes ou toutes autres lignes, pour le ravitaillement des armées, en application des dispositions prévues dès le temps de paix.

Dans le cas où le tonnage des expéditions prescrites viendrait à dépasser la capacité de transport des trains réguliers ou facultatifs dont la mise en marche est prévue, la commission de réseau intéressée devrait avertir d'urgence le Ministre (Etat-Major de l'Armée; 4° Bureau) ou le directeur de l'arrière.

Toute décision prise en vue de déléguer à une autorité, autre que celles qui concourent au ravitaillement des armées, le droit d'adresser directement des ordres de transport, est notifiée aux autorités militaires et aux commissions de réseau, sous-commissions de réseau ou commissions de chemins de fer de campagne intéressées.

Etablissement des titres de transport.

Art. 57. Les titres de transport qui doivent accompagner toute expédition sont établis conformément aux dispositions contenues dans « l'instruction relative à l'établissement et l'emploi des titres de transport en cas de mobilisation générale ».

En principe, il est toujours établi des titres de transport distincts pour les parcours en deçà des stations de transition et pour les parcours au delà de ces stations.

En outre, en vue de faciliter le groupement des expéditions pour une même destination ou le remaniement des ravitaillements ou évacuations aux points importants des lignes de communication, les ordres de transport doivent être établis, en règle générale et sauf exception prévue ou ordonnée, pour les parcours suivants :

a) *Expéditions destinées aux armées.* — Du point d'origine à la gare de rassemblement, à la station-magasin ou autres points de groupement d'approvisionnements.

De l'un à l'autre de ces points de groupement.

Du dernier d'entre eux à la gare régulatrice.

De la gare régulatrice à la station de transition (s'il y a lieu).

De la gare régulatrice (ou de la station de transition) à la gare de ravitaillement ou à la gare origine d'étapes.

Exceptionnellement, pour les expéditions qui doivent être dirigées sans rompre charge sur la gare régulatrice, l'ordre de transport est établi pour cette dernière gare si elle est connue de l'expéditeur.

b) *Expédition en provenance des armées.* — S'il y a lieu, de la gare de ravitaillement ou de la gare origine d'étapes à la station de transition.

De la gare de ravitaillement ou de la gare origine d'étapes (ou de la station de transition) à la gare régulatrice.

De la gare régulatrice à la station-magasin, à la gare de répartition, ou à destination, suivant le cas.

c) Pour les transports qui n'ont pas suivi les lignes de communication. — Du point d'origine à destination.

Si les expéditions à destination ou en provenance des armées poursuivent leur route sans rompre charge à la station-magasin ou à la gare régulatrice ou à un autre point de groupement, il peut ne pas être établi de nouveau titre de transport; le titre afférent au parcours partiel est complété par les indications relatives à l'allongement de parcours jusqu'à la nouvelle destination.

Lorsque le matériel doit, au cours d'un des parcours partiels ci-dessus, traverser une station de transition, on établit à l'origine dudit parcours les deux titres correspondant au transport en deçà et au delà de ladite station. Ces deux titres reçoivent, à la station de transition, les certifications réglementaires.

Conditionnement des colis.

Art. 58. Tous les colis expédiés de l'intérieur à destination des armées ou ceux expédiés des armées sur l'intérieur doivent être solidement conditionnés et porter sur leurs deux faces en gros caractères l'adresse du destinataire, ainsi que la nature du matériel.

En ce qui concerne les colis particuliers à destination de corps de troupe ou de services aux armées, l'adresse du destinataire doit comporter en gros caractères l'indication du corps de troupe ou service, de la division, du corps d'armée et de l'armée.

Marques extérieures des wagons.

Art. 59. Chaque wagon porte extérieurement une inscription sommaire indiquant :

1° La nature et l'importance du chargement;

2° La gare expéditrice;

3° La gare de destination.

Cette inscription est faite sur une étiquette de couleur rouge pour les wagons chargés de munitions et de substances explosibles.

Wagons plombés.

Art. 60. L'emploi de wagons plombés a pour avantage de diminuer les formalités afférentes au transport.

Dans ce cas, en effet, la responsabilité du transporteur est déchargée lorsqu'il représente les plombs intacts à l'arrivée.

L'opération a lieu par les soins du comptable expéditeur, et mention en est faite sur les titres de transport. Les wagons plombés n'en portent pas moins les marques extérieures prescrites à l'article précédent.

Convoyeurs militaires.

Art. 61. Les services expéditeurs peuvent, dans certains cas, en raison de la nature exceptionnelle du chargement transporté pain ou denrées fraîches, munitions et artifices, d'une nature particulière, accessoires et rechanges, pour l'armement, etc.), désigner un militaire pour voyager avec le matériel expédié. Le rôle du *convoyeur* consiste à suivre et surveiller ce matériel pendant le transport, et à en faciliter la réception par le comptable destinataire. Celui-ci peut, en effet, envoyer sans retard au comptable expéditeur, par retour du convoyeur, le reçu du matériel expédié avec les observations auxquelles l'expédition a pu donner lieu.

Le comptable expéditeur prépare et remet au convoyeur, avant le départ :

1° Une consigne du modèle ci-joint (n° 1) au verso de laquelle est rédigée une instruction pour l'accomplissement de sa mission ;

2° Les factures militaires d'expédition, visées par le règlement sur la comptabilité-matières, à remettre au comptable destinataire.

En principe, un convoyeur militaire est spécialement désigné par chaque service expéditeur ; le même convoyeur peut aussi être chargé de la surveillance du matériel de plusieurs services. Dans ce cas, chaque comptable expéditeur lui remet les pièces énumérées au paragraphe précédent.

Les convoyeurs ont droit au transport gratuit (aller et retour) sur la présentation de leur consigne.

Les convoyeurs sont choisis soit parmi les hommes du service expéditeur, soit dans le personnel auxiliaire attaché à la gare de départ.

Rôle des stations de transition.

Art. 62. Le commissaire militaire de station de transition s'assure que les titres concernant le transport qui vient d'être effectué sont régularisés, que les titres préparés au départ pour le transport au delà de la station sont dûment complétés, et que les uns et les autres sont remis à qui de droit.

A chaque commission de gare de station de transition est attaché un comptable transitaire, du service de l'intendance, qui a pour mission, en ce qui concerne tous les services militaires :

1° De donner décharge au transporteur pour le transport effectué jusqu'à la station de transition, en mentionnant, s'il y a lieu, les pertes ou avaries qu'il aurait constatées après une reconnaissance sommaire;

2° De viser comme expéditeur les titres concernant le transport au delà de la station en y apposant, s'il y a lieu, les inscriptions relatives aux modifications survenues en cours de transport en deçà de la station de transition et en constatant, dans la forme réglementaire, les pertes ou avaries reconnues à l'arrivée à la station de transition.

TITRE VI.

DISPOSITIONS PARTICULIÈRES AU TRANSPORT DES MALADES ET BLESSÉS EN ARRIÈRE DES ARMÉES.

CHAPITRE Ier.

DISPOSITIONS GÉNÉRALES.

Direction du service.

Art. 63. Le Ministre et le directeur de l'arrière règlent, d'un commun accord, l'ensemble des mouvements d'évacuation des malades et blessés (art. 20).

Les mesures d'exécution sont concertées, pour chaque armée, d'après les indications du chef supérieur du service de santé de l'armée, entre le directeur des étapes et des services et la commission régulatrice intéressée, en tenant compte des prescriptions du règlement sur le service de santé en campagne.

Fonctionnement du service.

Art. 64. 1° *Quand les chemins de fer peuvent desservir directement les troupes d'opérations*, les évacuations journalières s'exécutent en principe par le retour du matériel vide des trains de ravitaillement depuis les gares de ravitaillement jusqu'à la gare régulatrice. A cette gare, les malades et blessés des différents corps d'armée sont réunis pour former un ou plusieurs trains d'évacuation.

Pour les évacuations exceptionnelles, les trains d'évacuation sont aménagés et chargés aux gares d'évacuation fixées par la commission régulatrice d'après les indications du directeur des étapes et des services comme il est prescrit à l'article 51. Des hôpitaux d'évacuation ou sections d'hôpital d'évacuation sont affectés à chacune de ces gares.

2° *Quand des routes d'étapes ont été organisées*, les blessés et malades à évacuer sont embarqués dans les trains d'évacuation formés aux gares origines d'étapes par les soins des hôpitaux d'évacuation affectés aux dites gares.

Dans tous les cas, les commissions régulatrices, d'après les instructions qu'elles ont reçues de la commission de réseau ou de chemins de fer de campagne dont elles dépendent, et après entente avec les médecins chefs des hôpitaux d'évacuation, fixent la composition et l'heure de départ de chaque train d'évacuation.

Répartition des malades et blessés.

Art. 65. Le directeur des étapes et des services est constamment tenu au courant par les directeurs régionaux du service de santé du nombre de lits qui se trouvent disponibles dans les régions d'hospitalisation affectées à l'armée.

D'après ces renseignements, il fait connaître à la commission régulatrice les gares points de répartition des malades et blessés sur lesquelles les trains d'évacuation seront dirigés.

A l'arrivée dans ces gares, les trains sont reçus par le directeur régional du service de santé, ou son délégué, qui fixe, d'après les instructions du général commandant la région de corps d'armée, la répartition des malades et blessés entre les divers établissements hospitaliers de la région. La commission de gare assure ensuite le transport à destination définitive, conformément aux instructions de la commission de réseau.

CHAPITRE II.

HÔPITAUX D'ÉVACUATION ET INFIRMERIES DE GARE.

Hôpitaux d'évacuation.

Art. 66. Les hôpitaux (ou sections d'hôpital) d'évacuation, placés aux gares régulatrices ou dans les gares de ravitaillement, sont établis dans le voisinage immédiat de la gare et relèvent du service des étapes.

Infirmeries de gare.

Art. 67. Les infirmeries de gare sont destinées à assurer l'alimentation des malades et blessés et à leur donner, en cas d'urgence, des soins médicaux dans les conditions prescrites par l'instruction ministérielle sur le fonctionnement des infirmeries de gare.

Elles fonctionnent sur le réseau de l'intérieur sous l'autorité du Ministre, sur le réseau des armées sous l'autorité du directeur de l'arrière.

Le service y est assuré par les soins de la Société de secours aux blessés, ou, à défaut, du service de santé militaire.

Dans toute gare siège d'une infirmerie est établie une commission d'*infirmerie de gare* composée d'un officier supérieur ou capitaine, commissaire militaire, et du chef de gare, commissaire technique. Les infirmeries de gare relèvent du commissaire militaire au point de vue de la discipline et du service intérieur de la gare.

CHAPITRE III

TRAINS D'ÉVACUATION.

Organisation des transports d'évacuation.

Art. 68. Les transports d'évacuation ont lieu au moyen :

2° Des trains sanitaires *improvisés.*) pour les malades ou

1° Des trains sanitaires *permanents*) blessés couchés ;

3° Des voitures à voyageurs comprises dans les *trains ordinaires* ou constituant des *trains complets* pour les malades ou blessés assis.

A chaque train sanitaire sont affectés un ou plusieurs médecins, un officier d'administration ou adjudant du service de santé et le nombre d'infirmiers nécessaires.

Le médecin le plus ancien commande l'évacuation ; au point de vue des relations avec les agents de l'exploitation, il remplit les fonctions de chef de la troupe embarquée, telles qu'elles sont définies par le règlement sur les transports ordinaires.

L'exécution du service médical est réglée conformément aux dispositions du règlement sur le service de santé en campagne ; les militaires évacués sur l'intérieur doivent emporter avec eux tous leurs effets d'habillement, mais jamais leurs armes.

Trains sanitaires permanents.

Art. 69. Les *trains sanitaires permanents* sont composés de voitures spécialement construites ou aménagées pour le transport des malades et blessés les plus grièvement atteints qui ne pourraient supporter le transport par les voitures ordinaires et qu'il importe cependant, dans l'intérêt de l'armée, d'évacuer du théâtre des opérations.

Ils sont organisés dès le temps de paix ou pendant la période de préparation à la guerre et dotés d'un personnel spécial.

Le fanion de la convention de Genève, accompagné du fanion national, est arboré sur la première voiture.

Chaque voiture porte l'insigne de la convention de Genève et la désignation : *Train sanitaire permanent n°*

Ces trains constituent de véritables hôpitaux roulants et sont administrés comme tels. Le service médical s'y fait sans interruption ; l'alimentation est préparée dans le train même.

Trains sanitaires improvisés.

Art. 70. Les *trains sanitaires improvisés* destinés au transport des militaires blessés ou gravement malades qui doivent être transportés couchés se composent de wagons couverts à marchandises des compagnies de chemins de fer, qui reçoivent, au moment du besoin, un aménagement temporaire spécial prévu par le règlement sur le service de santé en campagne, ainsi que les moyens d'éclairage nécessaires.

Le fanion de la convention de Genève, accompagné du fanion national, est arboré sur la première voiture. En outre, sur chaque wagon, on inscrit un numéro d'ordre et l'on place alternativement sur l'une ou l'autre des faces latérales l'insigne de la convention de Genève.

Lorsque le train, après avoir débarqué les hommes évacués, est employé à d'autres transports, ces insignes sont enlevés et ne demeurent que sur les voitures qui rapportent aux armées le matériel d'aménagement.

L'exécution du service est confiée à un personnel spécial qui aménage les voitures avec le concours des agents des gares, installe les malades et blessés et assure le service médical pendant la route.

L'alimentation en cours de route est assurée par les haltes-repas et les infirmeries de gare.

Transports des malades et blessés assis.

Art. 71. Les voitures à voyageurs sont réservées aux militaires atteints de blessures légères et pouvant être transportés assis.

On n'utilise qu'en cas d'absolue nécessité pour le transport de cette catégorie de blessés les wagons à marchandises aménagés pour le transport des troupes.

Les voitures de 1re et 2e classes sont affectées aux officiers ainsi qu'aux malades qui ont le plus besoin de ménagements; celles de 3e classe servent pour les malades moins grièvement atteints.

Les malades et blessés en état de voyager assis peuvent être transportés par les trains ordinaires dans des voitures à voyageurs.

Ce transport par les trains ordinaires est surtout employé pour évacuer les militaires légèrement atteints sur les hôpitaux et dépôts de convalescents établis le long des voies ferrées sur le réseau des armées. Des places sont réservées à quelques infirmiers de l'hôpital d'évacuation. L'un d'eux remplit les fonctions de chef de détachement.

En cas de nécessité, des trains complets peuvent être organisés au moyen de voitures à voyageurs pour le transport des malades voyageant assis. Un personnel médical accompagne chacun de ces trains, si cela est nécessaire.

En règle générale, ces trains ne voyagent que de jour ; ils sont arrêtés pour la nuit, si c'est nécessaire, dans de gares desservant des localités importantes, dont le commandant d'armes procure aux blessés l'alimentation et le logement.

Marche des trains d'évacuation.

Art. 72. Sur les lignes utilisées uniquement pour les besoins militaires, la vitesse des trains d'évacuation est celle des trains militaires ordinaires.

Sur les lignes où le service commercial a été repris en totalité ou en partie, il convient de donner aux trains d'évacuation une marche un peu plus rapide qu'aux trains militaires ordinaires, quand le profil le permet ; toutefois, à moins de circonstances exceptionnelles, la vitesse *effective* de ces trains ne doit pas dépasser 50 *kilomètres à l'heure.*

Dans l'un et l'autre cas, on prévoit des arrêts suffisants pour que le service médical et l'alimentation en cours de route puissent être assurés convenablement.

Arrivée des malades, leur débarquement.

Art. 73. L'arrivée des malades à destination doit être annoncée de telle façon que l'autorité militaire locale puisse faire réunir à la gare des moyens de transport en quantité suffisante pour porter immédiatement les malades et blessés à l'hôpital.

Les voitures et les wagons qui ont servi à l'évacuation des malades et blessés ne sont employés à de nouveaux transports à destination de l'armée qu'après avoir été désinfectés. La désinfection est pratiquée immédiatement après le débarquement par les soins du service de santé du point d'arrivée.

CHAPITRE IV.

AVIS A DONNER. — FEUILLE D'ÉVACUATION.

Avis et notifications.

Art. 74. Au moment du départ d'un train d'évacuation, le médecin chef de l'évacuation, ou, à son défaut, le médecin chef de l'hôpital d'évacuation, avise la commission régulatrice de l'effectif de l'évacuation et du nombre de repas à préparer dans chaque infirmerie, conformément aux prescriptions de l'instruction ministérielle sur le fonctionnement des infirmeries de gare.

La commission régulatrice transmet ces renseignements, par voie télégraphique, au commissaire militaire de la première gare siège d'infirmerie. Elle prévient, par la même voie, le commissaire militaire de la gare point de répartition des malades et blessés, de l'effectif de l'évacuation.

Au départ de chaque infirmerie de gare, le commissaire militaire adresse ces renseignements modifiés, s'il y a lieu, sur l'avis du médecin chef de l'évacuation, au commissaire militaire de la gare siège d'infirmerie suivante.

Le commissaire militaire de la gare point de répartition communique sans retard les renseignements qu'il a reçus au directeur du service de santé de la région, afin que ce dernier puisse déterminer, d'après les instructions du général commandant la région de corps d'armée, les établissements hospitaliers sur lesquels les malades et blessés seront dirigés. Dès que cette répartition est arrêtée, le commissaire militaire de la gare point de répartition prévient les commissaires militaires des gares d'arrivée ou, à leur défaut, les chefs de gare, du nombre de malades ou blessés gravement atteints qui doivent être transportés couchés à l'hôpital. Les commissaires militaires ou chefs des gares d'arrivée communiquent immédiatement tous ces renseignements à l'autorité militaire locale.

Lorsque des trains ont été organisés au moyen de voitures à voyageurs pour le transport des malades et blessés assis, les mêmes indications sont envoyées par la commission régulatrice au commissaire militaire de la première gare, siège d'infirmerie, et au commissaire militaire ou chef de gare de la localité où les malades doivent passer la nuit. Ce dernier communique immédiatement ces renseignements à l'autorité militaire locale.

Feuille d'évacuation.

Art. 75. Dans les trains sanitaires, l'officier d'administration ou, à son défaut, le gradé désigné est porteur d'une feuille d'évacuation établie par les formations sanitaires qui ont organisé l'évacuation.

Aucun malade et blessé n'est admis dans ces trains s'il n'est porté sur cette feuille. Cette prescription doit être rigoureusement observée, à moins de circonstances exceptionnelles.

TITRE VII.

TRANSPORTS DU DÉPARTEMENT DE LA MARINE.

Dispositions applicables aux troupes et au matériel de la marine.

Art. 76. Les dispositions du présent règlement sont applicables, sans préjudice des règles administratives spéciales au service du département de la marine :

1º Aux marins et militaires des troupes de la marine ;

2º Au matériel de ce département.

Classement des transports de la marine pendant la période des mouvements stratégiques.

Art. 77. Tous les transports du personnel et de matériel du département de la marine sont soumis aux règles développées ci-dessus. Le classement des demandes de transport (art. 55 et 56) est arrêté par le Ministre de la guerre, sur la demande motivée du Ministre de la marine.

TABLEAUX ET MODÈLES

(Art. 21.)

—

Tableau n° **1.**

Personnel technique mis à la disposition du directeur des chemins de fer.

COMPOSITION DU PERSONNEL.	NOMBRE d'agents	CORRESPONDANCE avec les dénominations hiérarchiques du personnel des sections de chemins de fer de campagne.
Par réseau de la zone des armées.		
Ingénieur de chemins de fer, adjoint au directeur......................	1	Chef de service.
Personnel auxiliaire (Inspecteurs ou employés principaux)...............	4	Sous-chef de service ou Employés.
TOTAL............	5	

NOTA. — Les fixations du présent tableau ne sont données qu'à titre d'indication. L'effectif du personnel pourra être augmenté ou réduit suivant les circonstances.

(Art. 25.)

Tableau n° 2.

COMMISSION de chemins de fer de campagne.

COMPOSITION DU PERSONNEL.	OFFICIERS et fonctionnaires		TROUPE.					CHEVAUX			VOITURES A 2 CHEVAUX.
								DE SELLE			
	du cadre actif.	de réserve ou de l'armée territoriale.	Sous-officiers.	Caporaux ou brigadiers.	Soldats.	Ordonnances.	Hommes du train ou conducteurs de voitures.	d'officiers.	de troupe.	DE TRAIT.	
1° Commission.											
Officier supérieur du service d'état-major, président....	1	»	»	»	»	2	1	3	»	»	»
Ingénieur des chemins de fer	»	1	»	»	»	1	»	»	»	»	»
2° Personnel militaire adjoint.											
Capitaine du service d'état-major, adjoint au président	1	»	»	»	»	2	»	3	»	»	»
Secrétaires d'état-major...	»	»	»	1	2	»	»	»	»	»	»
	2	1	»	1	2	5	1	6	»	»	»
TOTAUX....	3		9					6			»

(A) Fourgon à bagages et à archives

NOTA. — L'effectif du personnel militaire et technique peut être augmenté si les circonstances l'exigent.

G. R. de

Tableau n° 3.

Liste des gares de ravitaillement.

GARES DE RAVITAILLEMENT possibles.	UNITÉS POUVANT S'Y RAVITAILLER directement.	DURÉE MOYENNE DE TRAJET entre la garè régulatrice et les gares de ravitaillement.
Gare A.	1 C. A.	7 heures.
— B.	1. Div.	8 —
— C.	1 Div. et E. N. E.	9 heures 30.

Nota. — Les trains de R. Q. sont prêts à être expédiés tous les jours à partir de heures.

(1) Organe expéditeur (arsenal, magasin ou établissement).
(2) Nom, prénoms, grade, corps.
(3) Organe réceptionnaire, nom, grade et emploi du destinataire et, s'il y a lieu, de son représentant.
(4) Sous-Intendant, commandant de l'artillerie, chef du génie ou médecin-chef, etc.
(5) Incidents de route, causes et importance des pertes, déchets, avaries, retards.

SERVICE
de
—

(1)

—

Règlement sur les transports stratégiques.
(Art. 61.)

MODÈLE Nº 1.

Nº de la nomenclature.

CONSIGNE DE CONVOYEUR MILITAIRE

Le nommé (2)   partira de la gare
de   le   à   heures du   pour se rendre à la
gare de   , où il arrivera le   à   heures du   avec le
matériel ci-après :

Numéros des factures militaires d'expédition.	NUMÉROS DES WAGONS sur lesquels le matériel est chargé.	MATÉRIEL EXPÉDIÉ DANS CHAQUE WAGON.		DESTINATAIRE (3)	OBSERVATIONS. (Nature des pièces remises au convoyeur militaire, etc.)
		Désignation sommaire du matériel.	Quantités.		

Il se conformera exactement aux instructions portées au verso de la présente consigne, qu'il rapportera revêtue du reçu du destinataire et de ses observations.

A   , le

Le Comptable,

Le Convoyeur militaire,

Vu :

Le (4)

Observations du convoyeur militaire pendant la route.	(5)	A , le Le Convoyeur militre,
Reçu provisoire et, s'il y a lieu, observations du destinataire ou de son représentant.	Je certifie avoir reçu le matériel ci-dessus, en bon état extérieur, sous réserve des observations ci-après :	A , le Le Destinataire,

INSTRUCTION GÉNÉRALE
concernant les Convoyeurs militaires.

Le convoyeur est admis au transport gratuit (aller et retour) sur la présentation de la présente consigne.

Il assiste au chargement des wagons au départ.

Avant de monter en voiture, il s'assure que les wagons contenant le matériel qu'il doit surveiller sont bien attachés au train en partance.

A chaque gare de bifurcation, il s'assure que les wagons sont bien chargés et mis sur la bonne voie; il en réfère, s'il y a lieu, au commissaire militaire ou au chef de gare de manière que le matériel dont il a la surveillance arrive à la destination indiquée dans les délais fixés.

Il est tenu, pendant l'accomplissement de sa mission, à l'observation des règles intérieures de police auxquelles le personnel des chemins de fer est assujetti. En principe, il doit prendre place dans les vigies ou dans le wagon du chef de train; mais si les wagons sont joints à un train de voyageurs, il pourra être autorisé à monter dans une voiture de 3e classe ou dans un wagon aménagé.

Dès l'arrivée à destination, il préviendra le comptable destinataire de la présence en gare du matériel avec lequel il a voyagé, lui remettra les pièces dont il est porteur et assistera au déchargement et à la livraison du matériel à ce comptable ou à son représentant.

Il devra rejoindre son poste immédiatement après avoir fait signer le reçu provisoire au recto de la présente consigne et après que le matériel qu'il doit rapporter, si cela lui a été prescrit, aura été chargé sur wagon.

Dès son retour, il rendra compte de sa mission au comptable expéditeur en lui remettant la présente consigne.

Instructions particulières (1).

---

(1) Indiquer ici le matériel ayant servi à l'expédition que le convoyeur doit rapporter (caisses pliantes, étagères mobiles, etc.) ou toute autre instruction particulière.

TABLE DES MATIÈRES

TITRE Ier.

PRINCIPES GÉNÉRAUX. — PRÉPARATION.

TITRE II.

TRANSPORTS EXÉCUTÉS SUR LE RÉSEAU DE L'INTÉRIEUR.

CHAPITRE Ier.

DISPOSITIONS GÉNÉRALES.

CHAPITRE II.

RÈGLES D'EXÉCUTION DES TRANSPORTS.

TITRE III.

TRANSPORTS EXÉCUTÉS SUR LE RÉSEAU DES ARMÉES.

CHAPITRE Iᵉʳ.

DIRECTION D'ENSEMBLE DU SERVICE.

CHAPITRE II.

PERSONNEL CHARGÉ DE L'EXÉCUTION DU SERVICE EN DEÇA DES STATIONS DE TRANSITION.

CHAPITRE III.

PERSONNEL CHARGÉ DE L'EXÉCUTION DU SERVICE AU DELA DES STATIONS DE TRANSITION.

CHAPITRE IV.

RÈGLES D'EXPLOITATION.

CHAPITRE V.

PROTECTION DE LA VOIE ET DES TRAINS.

TITRE IV.

FONCTIONNEMENT GÉNÉRAL DU SERVICE DE RAVITAILLEMENT ET D'ÉVACUATION DES ARMÉES.

CHAPITRE Ier.

RÔLE DES GARES DE RASSEMBLEMENT ET DES STATIONS-MAGASINS.

CHAPITRE II.

ORGANISATION DU SERVICE SUR LES LIGNES DE COMMUNICATION.

CHAPITRE III.

FONCTIONNEMENT DU SERVICE QUAND IL N'EXISTE PAS DE ROUTES D'ÉTAPES.

CHAPITRE IV.

FONCTIONNEMENT DU SERVICE QUAND IL EXISTE DES ROUTES D'ÉTAPES.

TITRE V.

DISPOSITIONS PARTICULIÈRES AUX TRANSPORTS EN TEMPS DE GUERRE DU MATÉRIEL MILITAIRE SANS TROUPE.

TITRE VI.

DISPOSITIONS PARTICULIÈRES AU TRANSPORT DES MALADES ET BLESSÉS EN ARRIÈRE DES ARMÉES.

CHAPITRE Ier.

DISPOSITIONS GÉNÉRALES.

CHAPITRE II.

HOPITAUX D'ÉVACUATION ET INFIRMERIES DE GARE.

CHAPITRE III.

TRAINS D'ÉVACUATION.

CHAPITRE IV.

AVIS A DONNER. — FEUILLE D'ÉVACUATION.

TITRE VII.

TRANSPORTS DU DÉPARTEMENT DE LA MARINE.

III. — Commissions de gare. — Gares de rassemblement. — Stations de transition.

Instruction sur les commissions de gare.

(Etat-major de l'Armée ; Bureau des Etapes, Chemins de fer, Transports.)

Paris, le 30 juin 1900.

TITRE Ier.

ORGANISATION.

Constitution des commissions de gare.

Art. 1er. Une commission de gare comporte :

1° Un officier supérieur ou capitaine, commissaire militaire ;

2° Le chef de gare, commissaire technique ;

3° Un ou plusieurs officiers supérieurs ou subalternes, commissaires militaires adjoints ;

4° Des sous-officiers ou caporaux, secrétaires et des soldats, plantons ;

5° Dans la plupart des cas, un poste fourni par un corps de troupe désigné par l'autorité territoriale.

Dans certaines gares (haltes-repas, gares de rassemblement, stations-magasins, gares régulatrices, gares de ravitaillement, stations de transition, infirmeries de gare, points de répartition des malades et blessés), il existe, auprès de la commission de gare, un personnel d'officiers ou fonctionnaires et d'hommes de troupe appartenant à différents services (artillerie, génie, intendance, santé...), et dont la composition est fixée par des instructions ministérielles spéciales.

Lorsque le commissaire militaire fait défaut, le commissaire militaire adjoint le plus ancien prend les fonctions de commissaire militaire.

En l'absence de tout officier, commissaire militaire ou commissaire militaire adjoint, le chef de gare, ou son suppléant, exerce à lui seul l'autorité dévolue à la commission de gare ; il a qualité pour notifier les consignes aux isolés et troupes de passage et pour donner des indications au chef de poste, s'il en est prévu un, en vue d'organiser le service d'ordre.

Toute commission de gare qui, vingt-quatre heures après le moment fixé pour son entrée en fonctions, n'a pas la composition prévue, informe par télégramme la commission ou sous-commission de réseau dont elle relève (art. 2) des éléments qui lui font défaut.

Autorités dont relèvent les commissions de gare.

Art. 2. Les commissions de gare, en ce qui concerne leur service spécial comme organes du service des chemins de fer, dépendent exclusivement de la commission ou sous-commission de réseau (1), ou de la commission de chemins de fer de campagne sur le réseau de laquelle elles sont établies.

En ce qui concerne la police générale, le personnel militaire des commissions de gare relève de l'autorité territoriale, et, en ce qui concerne l'administration, du fonctionnaire de l'intendance dans le ressort duquel se trouve la gare.

Etablissement des commissions de gare.

Art. 3. Dès le temps de paix il est prévu :

1° Des commissions de gare dont le siège est fixé par le Ministre ; ces commissions sont permanentes ou temporaires (2) ; dans ce dernier cas, le Ministre fixe la durée de leur fonctionnement.

Dans chaque région de corps d'armée, le directeur de l'intendance et les commandants d'armes intéressés sont tenus au courant, par le commandant du corps d'armée, de l'état des commissions de gare prévues ; il appartient aux commandants d'armes de prévoir les mesures à prendre relativement à l'installation et au fonctionnement des commissions (art. 16), et au directeur de l'intendance de donner aux fonctionnaires sous ses ordres les instructions relatives à l'administration du personnel militaire qu'elles comportent (art. 18).

2° Des groupes d'officiers, dits *commissaires militaires de gares de débarquement* — avec les secrétaires et plantons correspondants (3) — destinés à constituer des commissions de débarquement dans des gares qui seront désignées en temps utile.

---

(1) Au nombre des sous-commissions du réseau sont : « les commissions régulatrices » (art. 23 du règlement sur les transports stratégiques par chemins de fer).

(2) Des officiers peuvent être temporairement adjoints à des commissions permanentes, par ordre du Ministre.

(3) A raison de 2 secrétaires et 3 plantons pour 3 officiers.

Au cours des opérations, de nouvelles commissions de gare pourront être créées :

Par le Ministre, sur le réseau de l'intérieur ;

Par le directeur des chemins de fer aux armées, sur le réseau des armées.

Dénominations des commissions de gare.

Art. 4. Suivant le rôle qui leur incombe dans l'exécution des différents transports, les commissions de gare sont dénommées : commissions de gare de : mobilisation (1), bifurcation, embarquement, halte-repas, débarquement, rassemblement, stations-magasins, gare régulatrice, gares de ravitaillement, stations de transition, infirmeries de gare, points de répartition des malades et blessés.

Les commissions dont le siège est fixé dès le temps de paix auront généralement à remplir plusieurs de ces rôles, soit simultanément, soit successivement ; mais, dans une gare, il n'est jamais établi qu'une seule commission, chargée d'assurer tous les services.

La composition détaillée des différentes commissions est indiquée par le tableau A annexé à la présente instruction ; elle peut être modifiée par le Ministre ou le directeur des chemins de fer aux armées.

Quand une commission de gare a plusieurs rôles à remplir, elle reçoit, sauf ordre contraire, la composition de la commission la plus importante.

Désignation du personnel des commissions de gare (2).

Art. 5. Le Ministre désigne, parmi les officiers du service des chemins de fer et des étapes :

1° Les commissaires militaires de gares de débarquement ;

2° Les commissaires militaires et les commissaires militaires adjoints des commissions permanentes dont le siège est fixé dès le temps de paix ;

3° Les commissaires militaires et commissaires militaires

---

(1) Quand elles desservent un centre de mobilisation.

(2) Pour tout ce qui concerne l'affectation, les convocations et l'inspection des officiers, consulter l'Instruction sur l'administration des officiers de réserve et de l'armée territoriale.

adjoints des haltes-repas, quelle que soit la durée de leurs fonctions.

Le commandant de corps d'armée désigne :

1° Les commissaires militaires et commissaires militaires adjoints des commissions temporaires dont le siège est fixé dès le temps de paix à l'intérieur de la région, ainsi que les officiers adjoints temporairement aux commissions permanentes ;

2° Les secrétaires et plantons de toutes les commissions, temporaires et permanentes, dont le siège est fixé dès le temps de paix à l'intérieur de la région ;

3° Les secrétaires et plantons qui, d'après les ordres du Ministre, doivent être fournis par la région, pour être adjoints aux groupes des commissaires militaires de gares de débarquement.

Les officiers que désigne le commandant de corps d'armée sont choisis parmi :

Ceux du service des chemins de fer et des étapes laissés à la disposition de cet officier général ;

Ceux des corps de troupe ;

Ceux des services spéciaux du territoire.

Postes à établir auprès des commissions de gare.

Art. 6. D'après les ordres du Ministre, le poste sera fourni soit pour toute la durée du fonctionnement de la commission par l'autorité territoriale, soit pour les troupes de passage pendant la durée de leur présence dans la gare.

Dans le premier cas, la composition du poste est fixée par le Ministre ou par le général commandant le corps d'armée, si le Ministre n'a pas statué sur ce point ; le poste est alors placé sous l'autorité exclusive du commissaire militaire ; toutefois, si cet officier n'a pas encore rejoint au moment de l'arrivée à la gare du poste désigné, le chef de poste assure, sous sa responsabilité, le service d'ordre, d'après les indications qu'il reçoit du chef de gare.

Si le poste prévu devient manifestement insuffisant, la commission de gare peut, en cas d'urgence, en demander directement le renforcement à l'autorité territoriale.

Dans le deuxième cas, le commandant de l'unité de transport est tenu de faire exécuter par le poste les consignes que lui communique le commissaire militaire.

Insignes des commissaires militaires et commissaires militaires adjoints.

Art. 7. Les officiers qui remplissent, tant à titre permanent qu'à titre temporaire, les fonctions de commissaire militaire ou commissaire militaire adjoint, doivent porter comme insigne distinctif un ruban blanc couvrant le turban du képi, au-dessous des galons de grade.

Dislocation des commissions temporaires.

Art. 8. Les officiers faisant partie des commissions temporaires dont le siège est fixé dès le temps de paix rejoignent à la date indiquée pour la cessation des fonctions de ces commissions, soit les postes qui leur sont assignés par leurs lettres de service, soit, si aucun poste ne leur est assigné, leur domicile, où ils restent à la disposition de l'autorité militaire (1) ; les secrétaires et plantons de ces commissions rejoignent le dépôt de leur corps.

Les groupes de commissaires militaires de gares de débarquement, ainsi que les secrétaires et plantons qui leur sont adjoints, restent, après l'achèvement des débarquements, à la disposition du directeur des chemins de fer aux armées.

Documents destinés aux commissions de gare.

Art. 9. Pour chaque commission dont le siège est fixé dès le temps de paix, il est constitué un dossier comprenant les documents énumérés au tableau C annexé à la présente instruction ; ce dossier est conservé dans la gare où doit siéger la commission.

De plus, le chef de gare a, en tout temps, entre les mains une consigne spéciale de gare, comprenant un ou plusieurs documents, émanant de la commission de réseau. Cette consigne fait connaître les particularités de la gare, établit les règles relatives aux opérations d'embarquement, de débarquement, de halte-repas, etc., et spécifie les travaux d'aménagement à effectuer à la mobilisation.

Les commissions de gare dont le siège n'est pas fixé dès le temps de paix reçoivent les documents qui leur sont nécessaires, de la commission ou sous-commission de réseau dont elles relèvent.

______

(1) Ces prescriptions s'appliquent également aux officiers temporairement affectés aux commissions permanentes.

TITRE II.

FONCTIONNEMENT

Attributions des commissions de gare.

Art. 10. Le rôle des commissions de gare consiste :

A faire exécuter, dans les conditions prescrites, les transports ordonnés ;

A maintenir l'ordre à l'intérieur et aux abords de la gare, en interdisant les cris, chants, manifestations, sifflets et musiques et en appliquant aux conditions locales les prescriptions et indications formulées au titre III de la présente instruction ;

A veiller à la stricte exécution des consignes et des ordres émanant des commissions de chemins de fer dont relève la commission de gare.

Chaque commission de gare rend compte, à la commission ou sous-commission dont elle relève, des incidents qui sont de nature à déterminer son intervention ; elle lui adresse les demandes concernant le personnel, ainsi que les propositions qu'elle aurait à formuler ; suivant l'urgence, elle utilise pour cette correspondance les trains, ou le télégraphe, dont elle dispose conformément aux prescriptions du règlement sur les transports stratégiques par chemins de fer (art. 11).

La spécialisation des fonctions de chacun des membres de la commission doit être maintenue de la façon la plus absolue ; toutefois, les commissions militaire et technique ne doivent pas perdre de vue que leur association a principalement pour but de concilier les exigences propres du service militaire avec celles du service des chemins de fer, et de subordonner les unes aux autres, suivant les circonstances.

Le commissaire militaire est commandant d'armes dans sa gare. Il est l'*intermédiaire obligé* entre les autorités militaires de passage ou en service dans la gare et le personnel des chemins de fer. Il est spécialement chargé de faire respecter les consignes militaires et techniques intéressant la gare ; les commandants de troupes et chefs de service, *quel que soit leur grade*, doivent lui prêter leur concours pour en assurer l'exécution; le commissaire militaire ne doit pas d'ailleurs s'immiscer dans les questions purement techniques.

Le commissaire technique est seul responsable du mouvement des trains. Il a seul qualité pour donner des instructions aux agents du chemin de fer et surveiller l'exécution par eux des dispositions techniques relatives aux transports.

Installation de la commission de gare.

Art. 11. Le bureau du commissaire technique est celui du chef de gare. Le bureau du commissaire militaire est installé dans le local désigné à cet effet par la commission de réseau ou, à défaut de local désigné, dans un local choisi par la commission de gare. Il en est de même pour le poste, qui peut d'ailleurs être déplacé suivant les besoins du moment.

Écriteaux, affiches et transparents à apposer.

Art. 12. Les écriteaux, affiches et transparents destinés à faciliter les mouvements d'isolés à la mobilisation (art. 22) doivent être apposés dans le plus bref délai; à cet effet, le matériel nécessaire est approvisionné dans la gare en tout temps, et le chef de gare devra, autant que possible, assurer sa mise en place sans attendre la constitution de la commission de la gare.

La commission fera apposer ultérieurement ceux qui seront nécessaires, lors des transports de concentration et d'évacuation, pour indiquer les feuillées, les locaux d'infirmerie, etc.

La commission devra, en outre, faire afficher à l'intérieur de la gare et à sa sortie du côté de la ville :

1° Un tableau indiquant la correspondance entre les numéros des jours de la mobilisation, d'une part, et les quantièmes et noms des jours du mois, d'autre part;

2° La liste des adresses des bureaux et établissements énumérés ci-dessous et existant dans la localité :

Bureau du commandant d'armes ou d'étapes;

Sous-intendance militaire;

Bureau de recrutement;

Hôpitaux et hospices;

Mairie, commissariat de police, gendarmerie;

Bureau du payeur;

Manutention, parc à fourrages ; magasins d'habillement, de campement, etc. ;

Poste et télégraphe ;

3° Tous les ordres ou avis des autorités, militaires ou civiles, que la commission serait requise de porter à la connaissance des troupes de passage et du public.

Service médical dans les gares. Cas de décès.

Art. 13. Dans les gares pourvues d'une infirmerie de gare le service médical est assuré conformément aux prescriptions de l'instruction sur le fonctionnement des infirmeries de gare.

Dans les autres gares les hommes, malades ou blessés, qui sont dans l'impossibilité de continuer leur route, sont reçus dans un local désigné par la commission de gare. Les premiers soins leur sont donnés :

Soit par un médecin (militaire ou civil) désigné à cet effet par le commandant d'armes (art. 16) ;

Soit, pour les hommes appartenant à une troupe transportée, par le médecin de cette troupe.

Suivant le résultat de la visite, ces hommes sont dirigés soit sur leur corps ou son dépôt, soit sur l'hôpital le plus voisin. (1) Le billet d'entrée à l'hôpital est établi, s'il y a lieu, par le médecin qui a passé la visite.

Tout décès survenant au cours des transports est constaté, suivant les circonstances, par l'un des médecins désignés ci-dessus et le commissaire militaire se conforme, pour les déclarations, envoi d'avis et opérations nécessaires en pareil cas, aux prescriptions du règlement sur le service de santé à l'intérieur.

Journal d'opérations.

Art. 14. Un journal d'opérations, tenu en commun par les deux commissaires, relate, par ordre chronologique, les divers incidents survenus, les divers ordres ou instructions reçus, la suite qui leur a été donnée, les trains formés et expédiés, reçus et déchargés, avec leur composition et l'indication des retards au départ et à l'arrivée. (Modèle B annexé à la présente instruction.)

---

(1) Le commissaire militaire les fera accompagner, s'il y a lieu, et délivrera à cet effet les ordres de transport nécessaires.

Attributions spéciales du commissaire militaire.

Art. 15. Dès son arrivée à son poste, le commissaire militaire, s'il ne connaît pas préalablement la gare, fait avec le chef de gare la reconnaissance rapide des voies et locaux qui doivent être utilisés au cours de la première journée; il complète cette reconnaissance, en vue des opérations ultérieures, après avoir organisé le service le plus urgent, et veille à ce que tout soit préparé en temps utile, pour que les transports s'exécutent conformément aux ordres donnés, aux consignes locales et aux prescriptions de la présente instruction (titre III).

Il répartit, s'il y a lieu, le service à assurer entre lui et son, ou ses adjoints, mais il reste toujours responsable de sa bonne exécution. Il fait en sorte qu'un officier, au moins, soit présent à l'arrivée et au départ de chaque train.

Il dirige l'administration du personnel militaire de la commission, conformément aux prescriptions de l'article 18 ci-dessous; mais, dans les gares où il existe des détachements formés par des services particuliers (artillerie, génie, intendance, santé…, art. 1), il ne doit s'immiscer ni dans l'administration intérieure de ces détachements, ni dans la direction et l'exécution technique des services; il transmet les ordres de transport et les renseignements qu'il reçoit aux chefs des différents services et prend, avec le chef de gare, toutes les dispositions pour assurer la formation, le chargement et le départ des trains.

Il délivre, sous sa responsabilité, des ordres de transport au personnel sous ses ordres, appelé à se déplacer pour le service de la commission de gare; il contrôle ou fait contrôler, toutes les fois qu'il le juge utile, les ordres de transport dont sont munis les détachements et isolés venant s'embarquer à la gare, ainsi que ceux des isolés et détachements de passage.

Sur les sections où la voie est exposée aux tentatives de l'ennemi, le commissaire militaire fait connaître l'état de la ligne et les renseignements recueillis aux commandants des unités de passage; ces derniers se conforment alors aux prescriptions de l'article 33 du règlement sur les transports stratégiques par chemins de fer.

Dans les localités où il n'existe pas de commandants d'armes ou d'étapes, le commissaire militaire en assume les fonctions; il relève, dans ce cas, au point de vue de ce service supplémentaire, de l'autorité territoriale ou d'étapes dont dépend la localité (1) ; il dispose d'un carnet d'ordres de réquisition et d'un carnet de reçus ; il règle avec la municipalité les questions relatives au logement, et à l'alimentation du personnel de la commission de gare, au cantonnement des isolés et détachements de passage, et, s'il y a lieu, au service médical à assurer dans les gares (art. 16) ; de plus, il distribue les *autorisations de départ* aux hommes dépourvus de leur livret individuel.

Dans les localités où il n'y a ni commandant d'armes ou d'étapes, ni fonctionnaire de l'intendance, le commissaire militaire exerce les fonctions de suppléant du sous-intendant militaire ; à ce titre, il doit :

1° Délivrer les ordres de transport avec bons de chemin de fer aux isolés et détachements qu'il a à mettre en route en qualité de commandant d'armes ou d'étapes, ainsi qu'à ceux dont la mise en route lui est demandée par les commandants d'armes ou d'étapes voisins ;

2° Viser les bons des détachements ne comportant pas d'officier, qui logent ou cantonnent dans la localité.

Relations du commissaire militaire avec le commandant d'armes ou d'étapes.

Art. 16. Le jour de l'entrée en fonctions de la commission, le commissaire militaire, ou son suppléant, se rend chez le commandant d'armes ou d'étapes de la localité pour régler avec lui les points suivants :

1° Logement (2) du personnel de la commission et, s'il y a lieu, du personnel des chemins de fer ;

2° Mise en subsistance des hommes de troupe attachés à la commission, dans un corps de troupe de la garnison ;

3° Désignation de locaux voisins de la gare pour cantonner, s'il y a lieu, les isolés et détachements de passage (art. 22).

4° Fourniture de paille pour les locaux, situés tant à l'in-

---

(1) Les devoirs et attributions d'un commandant d'armes ou d'étapes sont réglés par le règlement sur le service de place et par le règlement sur le fonctionnement des services de l'arrière.

(2) Au moyen de fournitures des lits militaires installées dans les locaux de la gare ou, à défaut, de billets de logement pour des locaux voisins de la gare.

térieur qu'à l'extérieur de la gare, où doivent stationner pendant la nuit les isolés et détachements de passage (1) (art. 22);

5° Désignation, si la gare ne comporte pas d'infirmerie de gare, d'un médecin militaire ou civil que le commissaire militaire puisse faire appeler d'urgence, soit pour donner les soins nécessaires au personnel militaire de la gare, aux isolés ou aux troupes de passage qu'aucun médecin n'accompagne, soit pour constater les décès;

6° Fermeture des établissements voisins de la gare, susceptibles d'être préjudiciables au maintien de l'ordre.

Quand, au cours des transports, un train n'a pu partir à l'heure indiquée, en raison de l'arrivée tardive de la troupe ou pour toute autre cause, le commandant d'armes ou d'étapes est avisé d'urgence de l'incident, si son intervention est nécessaire pour en régler les conséquences ou en empêcher le retour (art. 29).

Si la sécurité de la gare ou de la voie paraît menacée, le commissaire militaire peut adresser directement au commandant d'armes ou d'étapes, au nom de la commission de gare, une réquisition à l'effet d'obtenir les postes de protection nécessaires ou les escortes pour trains de matériel prévus par les articles 32 et 33 du règlement sur les transports stratégiques par chemins de fer.

Relations du commissaire militaire avec le service de garde des voies
de communication.

Art. 17. Des postes spéciaux organisés par l'autorité ter-

---

(1) « Les prestations indiquées à l'article 5 de la loi des réquisitions peuvent être exigées pour les catégories ci-après : corps, détachements et isolés faisant partie de l'armée active, de la réserve et de l'armée territoriale, des services auxiliaires, etc..... Les prestations qui peuvent être demandées par voie de réquisition aux communes ou aux habitants pris isolément sont : le logement ou le cantonnement et la nourriture journalière des hommes et des animaux, les vivres, le chauffage, les fourrages et la paille de couchage..... Lorsque le cantonnement est requis, la paille de couchage est fournie dans chaque maison, par chaque famille, en raison de l'effectif cantonné et au taux ci-après : pour les troupes cantonnées pendant trois jours ou moins, 2 k. 500 de paille longue ou 3 k. 500 de paille courte dépiquée sous les pieds des chevaux.....

» Les habitants dépourvus de paille s'en procureront avec l'assistance de la municipalité qui doit prendre également les dispositions pour en munir les locaux inoccupés ou les bâtiments publics. » Avis aux communes concernant les prestations à fournir en exécution de la loi sur les réquisitions du 3 juillet 1877. (Annexe n° 4 de l'instruction du 23 janvier 1910 sur le service de l'approvisionnement, p. 53.)

En cas de mobilisation générale, les bâtiments des gares seront considérés, au point de vue de la fourniture de la paille de couchage, comme des bâtiments publics.

ritoriale et dépendant d'elle seule sont chargés de la garde des voies ferrées ; il doit en être installé dans certaines gares.

Les commissaires militaires n'ont pas à s'immiscer dans le service de ces postes ; ils n'ont sur eux que l'autorité d'un commandant d'armes ; toutefois, ils peuvent requérir leur concours momentané pour assurer le maintien ou le rétablissement de l'ordre, mais sous la réserve de ne pas entraver l'exécution de leurs consignes spéciales.

Administration du personnel militaire des commissions de gare.

Art. 18. Les officiers de réserve et de l'armée territoriale affectés aux commissions de gare touchent leur solde et les indemnités auxquelles ils ont droit, suivant les règles applicables aux officiers de l'armée active.

Dans les villes de garnison et les localités où se trouvent des troupes d'étapes, les secrétaires et plantons (1) sont, sur la demande du commissaire militaire, mis par le commandant d'armes en subsistance dans un corps de troupe.

A défaut de garnison ou de troupes d'étapes dans la localité desservie par la gare, si la gare comporte un détachement de commis et ouvriers militaires d'administration, les secrétaires et plantons y sont mis en subsistance par ordre du commissaire militaire.

A défaut de garnison, de troupes d'étapes ou de détachement de commis et ouvriers militaires d'administration où ils puissent être mis en subsistance, les secrétaires et plantons touchent l'indemnité journalière normale (2) ; cette indemnité est touchée à la caisse publique la plus rapprochée contre remise de mandats établis par le fonctionnaire de l'intendance, d'après une demande que lui adresse le commissaire militaire ; les mutations concernant les secrétaires et plantons sont portées à la connaissance du corps auquel ils appartiennent au moyen d'avis établis par le commissaire militaire.

Pour le règlement des questions d'ordre administratif, le commissaire militaire adresse, quand il y a lieu, des demandes de renseignement au fonctionnaire de l'intendance dans le ressort duquel se trouve la gare.

---

(1) Si ces hommes ont rejoint directement leur poste sans être ni habillés ni équipés, ils seront envoyés à leur corps pour toucher leurs effets, dès que cela sera possible, sans nuire au service de la commission de gare.

(2) En ce qui concerne les militaires à solde journalière, cette indemnité est exclusive de toute allocation au titre de la solde (art. 22 du décret du 12 juin 1908).

TITRE III.

PRESCRIPTIONS RELATIVES AUX DIFFÉRENTS TRANSPORTS.

CHAPITRE Ier.

TRANSPORTS DE MOBILISATION.

Importance et nature des transports de mobilisation.

Art. 19. Le premier soin des commissions de gare sera d'assurer la bonne exécution des transports de mobilisation. Ces transports concernent :

Des isolés se rendant soit à leur lieu de mobilisation, soit à un bureau de recrutement désigné ;

Des détachements d'hommes et de chevaux.

La majeure partie des détachements sera formée de réservistes se rendant du bureau de recrutement à leurs lieux de mobilisation respectifs ; il conviendra d'appliquer à ces détachements les mêmes prescriptions qu'aux isolés.

Police des abords de la gare.

Art. 20. Les abords de la gare sont maintenus dégagés et leur accès est interdit à toute personne n'ayant pas qualité pour être transportée.

Les hommes descendus des trains à destination de la localité sont, à leur sortie de la gare, groupés par corps, sous la direction du commissaire militaire et remis aux cadres de conduite envoyés par les corps ; si, exceptionnellement, ces cadres font défaut, le commissaire militaire fait conduire les isolés à leur destination ; il agit de même, dans la mesure du possible, à l'égard des hommes convoqués au bureau de recrutement.

Les appelés arrivant par voie de terre sont aussitôt répartis, d'après leur destination, entre les places de groupement (art. 22) correspondant aux différentes directions.

Police de l'intérieur de la gare.

Art. 21. Les hommes, arrivés par un train, et devant en attendre un autre pour continuer leur trajet, sont répartis le plus rapidement possible, d'après leur destination, entre les places de groupement (art. 22).

Les hommes stationnant dans la gare peuvent, entre les passages de train, sortir des places de groupement, isolément ou par petits groupes, pour se rendre aux latrines, au buffet ou aux cantines installées dans la gare (art. 23) ; mais ils doivent rentrer dans leurs places de groupement respectives avant l'arrivée de chaque train.

Dès que les trottoirs auront été dégagés par les hommes descendant du train, ceux qui doivent y monter seront amenés en ordre aux wagons où ils doivent prendre place ; le commissaire militaire les enverra chercher, en temps utile, à leur place de groupement.

Aussi fréquemment que possible, le commissaire militaire contrôlera ou fera contrôler (art. 15) les titres en vertu desquels les hommes se déplacent ; il rectifiera les erreurs de direction et livrera à la gendarmerie les individus suspects et les hommes qui semblent s'être écartés sciemment de l'itinéraire qu'ils devaient suivre.

Choix et installation des places de groupement.

Art. 22. Il doit y avoir, autant que possible, une place de groupement correspondant à chaque direction.

Les places de groupement doivent être choisies de telle façon qu'elles soient facilement accessibles du côté de l'intérieur et du côté de l'extérieur, et qu'elles puissent être facilement surveillées (1) ; pour les stationnements en plein jour, pendant la belle saison, elles pourront être installées en plein air ; mais, en toute autre circonstance, elles devront être abritées, pouvoir être éclairées, et, autant que possible, chauffées, si la saison le comporte. Leurs entrées seront indiquées par des écriteaux bien visibles (art. 12), et, si les hommes doivent y passer la nuit, leur sol sera garni de paille.

---

(1) Les salles d'attente, de distribution de billets, de livraison des bagages, se prêtent particulièrement bien à ce rôle ; si leur emploi est prévu pour l'installation d'une infirmerie de gare, elles peuvent néanmoins servir de places de groupement pendant la période de mobilisation, au cours de laquelle les services de l'infirmerie n'exigeront qu'une place très restreinte.

Si les places de groupement sont trop exiguës, le commissaire militaire fera conduire les hommes dans des locaux plus éloignés, jouant le rôle d'annexes des places de groupement, choisis soit dans les bâtiments de la gare, soit dans des bâtiments publics ou privés désignés par le commandant d'armes ; dans ces annexes, le commissaire militaire établira un service de garde, et il enverra chercher en temps utile les hommes qui y séjourneront.

Alimentation des hommes dans certaines gares.

Art. 23. Il peut y avoir lieu de permettre aux hommes ayant de longs trajets à effectuer (1) d'acheter les aliments pendant leur stationnement dans certaines gares ; il appartient à la commission de réseau, lorsqu'elle le juge utile, de prévoir les mesures nécessaires à cet effet (organisation de buffet, installation des cantines, etc.) et à la commission de gare d'en assurer l'exécution, en se conformant aux indications de la consigne de gare et en recourant, s'il est nécessaire, à la réquisition.

Dans les gares où aucune disposition n'est prévue, la commission de gare prendra l'initiative de mesures analogues si, pour une cause quelconque, des hommes ont à y faire un stationnement de longue durée.

Afin de prévenir les cas d'ivresse, le commissaire militaire devra régler la consommation des boissons hygiéniques (vin, bière, cidre) et interdire celle des boissons alcooliques.

Initiative à prendre par les commissions de gare pour réduire la durée du stationnement des isolés dans les gares.

Art. 24. Les commissions de gare ne perdront pas de vue qu'il y a le plus grand intérêt, sous tous les rapports, à hâter l'arrivée des hommes à destination ; il leur appartiendra de prendre toutes les mesures susceptibles d'amener ce résultat, sans nuire toutefois à l'exécution des transports telle qu'elle a été prévue.

Si, accidentellement, il se produisait dans une gare une accumulation d'hommes que le service prévu ne permît pas de réexpédier à bref délai, la commission de gare adresserait, d'urgence, une demande de train complémentaire (facultatif ou spécial) à l'autorité qualifiée pour mettre en marche les trains de cette nature ; mention de cette autorité doit être faite dans les instructions techniques.

----

(1) Tout homme doit emporter des vivres pour vingt-quatre heures.

CHAPITRE II.

TRANSPORTS DE CONCENTRATION (1).

SECTION PREMIÈRE.

EMBARQUEMENT.

Opérations préliminaires.

Art. 25. La commission de gare doit faire débarrasser, avant le moment fixé pour le commencement des embarquements, les halles, quais et chantiers dont l'utilisation est prévue, ainsi que ceux dont l'utilisation n'est pas normalement prévue, mais qui pourraient suppléer les précédents en cas d'accident.

Elle doit de même faire exécuter les travaux d'aménagement prescrits par la consigne spéciale de gare et ceux non prévus qui lui paraîtraient nécessaires.

Elle déterminera le point d'embarquement à affecter à chaque élément, si cette affectation n'a pas été faite par la commission de réseau, ou si les circonstances obligent à modifier les prévisions de cette commission.

Rapports du commissaire militaire avec les chefs de corps.

Art. 26. Vingt-quatre heures (2) au moins avant le moment où doit commencer l'embarquement des unités d'un corps de troupe, le chef de corps envoie un officier à la gare, pour donner au commissaire militaire des effectifs exacts des éléments à embarquer dans la journée du lendemain et pour recevoir communication :

1° Pour chacun de ces éléments :

Du point d'embarquement prévu (quai ou chantier);

De l'heure à partir de laquelle la reconnaissance du train pourra être faite;

De l'heure à laquelle l'embarquement commencera;

---

(1) Les prescriptions énoncées dans ce chapitre s'appliquent au transport des unités constituées, quelle que soit leur destination.

(2) Ce délai ne peut être réduit qu'en cas de nécessité absolue.

De l'heure à laquelle il devra être achevé :

2° Des consignes locales.

Si un incident oblige la commission de gare à changer, postérieurement à cette communication, les conditions prévues pour un ou plusieurs embarquements, le commissaire militaire en préviendra le chef de corps en temps utile.

Si l'enlèvement des unités d'un régiment dure plusieurs jours, chaque jour un officier viendra chercher les renseignements relatifs aux embarquements du lendemain.

Mesures préparatoires à l'embarquement.

Art. 27. La commission de gare doit, avant l'arrivée de la troupe, faire disposer, sur les quais et chantiers, les agrès nécessaires à l'embarquement : ponts volants, rampes mobiles, poulies, cales, prolonges, etc., et veiller, en cas d'embarquement de nuit, à ce que l'éclairage soit assuré.

Le commissaire militaire s'assure :

1° Que, dans les wagons à marchandises aménagés pour le transport des hommes, afin de permettre le placement des sacs et des armes, on a bien placé à 0^m,50 des petits côtés des wagons :

Dans les wagons à 32 places, les supports de bancs voisins desdits petits côtés ;

Dans les wagons à 36 places, les mêmes supports de bancs, ainsi que les extrémités des bancs du milieu et de la planche servant de dossier ;

Dans les wagons à 40 places, les extrémités de tous les bancs ;

2° Que les wagons destinés aux hommes et aux chevaux sont tous munis de lanternes, prêtes à fonctionner, et accrochées au côté du wagon opposé à celui par lequel doit se faire l'embarquement.

Le commissaire militaire signale les irrégularités constatées au commissaire technique, qui les fait rectifier. Il fait connaître à l'officier envoyé à l'avance à la gare, puis au commandant de l'unité de transport, à son arrivée, les chemins d'accès, les mesures d'ordre à prendre et les consignes spéciales à la gare.

Exécution de l'embarquement.

Art. 28. Le commissaire militaire ne doit jamais intervenir auprès des sous-ordres ou des hommes de troupe ; toutefois, il ne doit pas hésiter à donner au commandant de l'unité de transport telles indications qu'il jugera utiles pour assurer l'achèvement de l'embarquement dans les délais prévus; le commandant de cette unité, quel que soit son grade, est tenu d'y déférer. Avant le départ, le commissaire militaire passe une inspection rapide du train avec le commandant de l'unité, le chef ou un sous-chef de gare et le chef de train.

Arrivée tardive d'une troupe à la gare; retards au départ.

Art. 29. Lorsqu'une unité de transport arrive tardivement à la gare, la commission de gare prend les dispositions propres à hâter le plus possible son embarquement. Si le train ne peut partir à l'heure fixée, la commission le met en marche, dès que la chose est possible; si le départ ne peut s'effectuer dans le délai prévu par les règlements et ordres de service, la commission de gare demande d'urgence des instructions à la commission de réseau (art. 13 du règlement sur les transports stratégiques par chemins de fer).

La commission de gare opère de même si le retard provient d'un incident survenu au cours de l'embarquement.

Le commandant d'armes est avisé d'urgence, s'il y a lieu, comme il est prescrit à l'article 16.

Composition des trains de concentration.

Art. 30. Les trains de concentration ne doivent, en aucun cas, avoir plus de 50 véhicules, fourgons compris.

Pour chacun de ces trains, la commission de réseau fixe le nombre des wagons de chaque catégorie; la commission de gare ne peut modifier les nombres ainsi fixés qu'exceptionnellement, dans les cas indiqués ci-dessous, et sous la réserve expresse que ces modifications puissent se faire sans retarder le départ du train.

Le nombre des wagons peut être réduit, si ceux dont la gare dispose ont une capacité plus grande que ceux dont l'emploi avait été prévu, ou si l'effectif à transporter, communiqué par l'officier envoyé à l'avance à la gare (art. 26), se trouve inférieur aux prévisions; il peut être augmenté, si la gare dispose de ressources suffisantes, pour parer à une modification d'effectif non communiquée au service des chemins de fer.

Dans cette dernière éventualité, s'il n'est pas possible d'ajouter les wagons nécessaires, les hommes en surplus seront répartis, par le commandant de l'unité de transport, entre les

voitures du train, y compris des fourgons de service ; des
wagons aménagés pour les hommes pourront de plus être
utilisés, s'il est nécessaire, pour le transport des chevaux.

SECTION II.

TRAINS DE PASSAGE.

Prescriptions communes à toutes les commissions de gare.

Art. 31. A l'arrivée de tout train ayant un arrêt prévu dans
la gare, le commissaire militaire, ou son suppléant, fait connaître immédiatement au commandant de l'unité de transport
la durée présumée de l'arrêt. Si cette durée est inférieure à
dix minutes, on ne doit laisser descendre les hommes que
par mesure exceptionnelle. En toute circonstance, les hommes
doivent remonter en wagon trois minutes avant le départ.

Quelle que soit d'ailleurs l'heure primitivement indiquée
pour le départ, le commandant de l'unité de transport est
tenu de déférer à toute demande du commissaire militaire,
ou, à son défaut, du chef de gare, en vue de faire remonter
les hommes en wagon à un moment quelconque.

Les commandants d'unités de transport, quel que soit leur
grade, sont tenus de faire observer toutes les consignes, même
verbales, qui leur sont communiquées par le commissaire militaire (1). Ce dernier adresse aux commandants des unités
les observations qu'il a à formuler, en s'abstenant d'intervenir
directement auprès de la troupe (art. 10).

Prescriptions spéciales pour les haltes-repas.

Art. 32. Le fonctionnement des stations haltes-repas est
réglé par une instruction ministérielle spéciale ; le commissaire militaire de ces stations est chargé d'en faire exécuter
les prescriptions. L'indication de l'effectif exact à alimenter
est télégraphiée pour chaque train, à la commission de gare
de la halte-repas, par la commission de gare d'une gare de
passage désignée à cet effet, dès le temps de paix, par les
soins de la commission de réseau (2).

---

(1) Article 9 sur les transports stratégiques par chemins de fer.
(2) Article 2 de l'instruction sur l'alimentation pendant les transports en
chemins de fer, et sur l'organisation et le fonctionnement des stations
haltes-repas.

Dons faits à la troupe.

Art. 33. Sous aucun prétexte les vivres, boissons, etc., qui pourraient être apportés, pour les militaires de passage, par les habitants de la localité ne doivent être distribués directement à la troupe par les donateurs ou leurs délégués. Ces denrées sont livrées au commissaire militaire, qui les remet aux commandants d'unités; ces derniers ne les distribuent qu'autant qu'il n'en peut résulter aucun inconvénient pour la discipline et le service des chemins de fer.

Les dons en argent ne peuvent être acceptés en aucun cas.

Retards en cours de route.

Art. 34. Les trains qui subissent un retard en cours de route ne doivent jamais être retenus dans une gare de passage ou de bifurcation; chacun d'eux est expédié dans les conditions techniques réglementaires derrière le train après lequel il se présente (art. 13 du règlement sur les transports stratégiques par chemins de fer).

Changement d'itinéraire en cours de route.

Art. 35. Lorsqu'en cours de route, la destination ou l'itinéraire primitivement assignés à un train sont modifiés, le commandant de l'unité de transport en est informé le plus tôt possible par un commissaire militaire ou un chef de gare.

Les documents qui sont entre les mains du commandant de l'unité et du chef de train sont alors modifiés en conséquence.

SECTION III.

DÉBARQUEMENT.

Mesures préparatoires au débarquement.

Art. 36. Dès son entrée en fonctions, la commission de gare de débarquement doit faire débarrasser les halles, quais et chantiers susceptibles d'être utilisés pour débarquer les troupes. Elle doit faire procéder aux travaux prévus par les consignes locales, ainsi qu'à ceux non prévus qui lui paraîtraient utiles. Elle doit enfin, avant l'arrivée du premier train, faire disposer, sur les quais et chantiers, les agrès nécessaires au débarquement : ponts volants, rampes mobiles, poulies, etc., et veiller, en cas de débarquement de nuit, à ce que l'éclairage soit assuré dans les meilleures conditions possibles.

les consignes locales, sur les rampes de la gare ou de quais, autant que possible sur le point situé à l'extérieur de la gare où l'unité pourra se reformer.

Le devoir commun du commissaire militaire et du commandant de l'unité est de faire, le plus rapidement possible :

1° Opérer le débarquement;

son grade, est tenu de déférer aux observations du commissaire militaire et, en cas d'utilisation d'un chantier de fortune et d'insuffisance du personnel du chemin de fer, de fournir, en vue des équipes de débarquement proprement dites, toutes équipes supplémentaires nécessaires pour aider aux mouvements de wagons et manœuvres de gare. Le commissaire militaire est chargé de diriger ces équipes supplémentaires.

dirigées sur le point où doit se reformer la troupe.

Avant son départ, le commandant de l'unité de transport fait remettre au commissaire militaire les agrès et accessoires utilisés pour le transport et le débarquement.

Les agrès appartenant aux compagnies de chemins de fer (cales de roues, prolonges, madriers, etc.) sont réexpédiés avec le train de matériel vide au retour; les accessoires apportés par l'unité de transport (cales et manches de cales, jarretières, leviers, bouts de madriers) sont, à moins d'instructions contraires, réexpédiés dans les mêmes conditions.

tures brisées ou sans attelages, le commandant de l'unité est tenu de les faire conduire sans retard, sur l'indication du commissaire militaire, dans des locaux requis à cet effet par le commandant d'armes qui en assurera la subsistance et la garde. La troupe ne doit pas se rendre à son cantonnement avant d'avoir débarrassé complètement la gare ou le quai.

Poste des gares de débarquement et équipes auxiliaires, pour les débarquements de matériel.

Art. 39. En principe, le poste est fourni, dans les gares de débarquement, par la troupe qui débarque. Toutefois, s'il se trouve dans la localité une troupe d'étapes, le commissaire militaire peut demander un poste permanent au commandant d'étapes, qui apprécie s'il doit déférer à cette demande.

Le commandant d'étapes est, au contraire, tenu de déférer, à moins d'impossibilité, aux demandes d'équipes auxiliaires pour aider aux déchargements de matériel; ces demandes lui sont adressées par le commissaire militaire, si le matériel n'est pas accompagné d'un effectif suffisant pour en assurer le débarquement en temps utile.

Retard au débarquement.

Art. 40. Si, par suite d'un accident ou incident quelconque, le débarquement d'un train n'est pas achevé lors de l'arrivée du train qui doit être débarqué après lui, ce dernier est garé. Si la gare ne possède pas de voie de garage, le train est dirigé sur le garage disponible le plus voisin et la commission de gare en avise aussitôt, par télégramme, la commission ou sous-commission dont elle relève; dans le cas où la gare possède une voie de garage, la commission de gare informe de même la commission ou sous-commission dont elle relève, mais seulement si le retard peut avoir sa répercussion sur le débarquement de plus d'un train.

CHAPITRE III.

TRANSPORTS DE RAVITAILLEMENT ET D'ÉVACUATIONS.

Commissions de gare participant aux transports de ravitaillement et d'évacuations.

Art. 41. Les commissions de gare participant aux transports de ravitaillement et d'évacuations sont telles :

1° Des haltes-repas; leur fonctionnement est réglé par l'instruction sur l'alimentation pendant les transports en chemin de fer et sur l'organisation et le fonctionnement des stations haltes-repas ;

2° Des gares de rassemblement; leur fonctionnement est réglé par le règlement sur les transports stratégiques par chemins de fer (art. 35, 36, 37 et 43) et par l'instruction spéciale relative au service dans ces gares ;

3° Des stations-magasins ; leur fonctionnement défini par le règlement sur les transports stratégiques par chemins de fer (art. 39 à 42), par l'instruction sur le service des étapes art. 16 et 50 et par l'instruction complémentaire (titres I et IV), est réglé par une notice spéciale faisant partie du dossier de la commission de gare (art. 9) ;

4° Des gares régulatrices ; leur fonctionnement est réglé par le règlement sur les transports stratégiques par chemins de fer (art. 23) et l'instruction complémentaire sur le service des étapes (titre XI) ;

5° Des gares de ravitaillement; leur fonctionnement est défini par le règlement sur les transports stratégiques par chemins de fer (art. 47 à 53 et 64) et réglé par l'instruction sur le service des étapes;

6° Des stations de transition ; leur fonctionnement est défini par le règlement sur les transports stratégiques par chemins de fer (art. 6 et 62) ;

7° Des infirmeries de gare ; leur fonctionnement est défini par une instruction ministérielle spéciale ;

8° Des points de répartition des malades et blessés ; leur fonctionnement est défini par le règlement sur les transports stratégiques par chemins de fer (art. 65).

Dans toutes ces commissions, le rôle du commissaire militaire consiste :

A servir d'intermédiaire entre le commandant d'armes ou d'étapes, les représentants des différents services et le chef de gare;

A veiller à ce que l'ordre règne dans les réceptions et les expéditions et à ce que ces dernières se fassent sans perte de temps ;

A demander, d'accord avec le commissaire technique, à la commission ou sous-commission de réseau, les modifications aux transports que les circonstances exigeraient.

CHAPITRE IV.

DISPOSITIONS GÉNÉRALES.

Art. 42. L'appendice VII aux règlements sur les transports militaires par chemins de fer, concernant les commissions et les commandements de gare, du 25 avril 1890 est abrogé.

Paris, le 30 juin 1900.

[...] leur emplacement (CABINAL?) [...]
[...] composition des commissions de gare [...]

[...] les communiqués, le rôle du commissaire aux [...]

[...] iller à ce que l'ordre règne dans les réceptions et les
[...]nal et à ce que ces dernières se fassent sans perte de

[...] d'accord avec le commissaire technique [...]

COMMISSION DE GARE DE

MODÈLE B.

Journal d'opérations.

PERSONNEL.				
COMPOSITION.	(A)	GRADES.	Corps de l'armée active ou territoriale.	OBSERVATIONS.
1	2	3	4	5
1° Personnel de la commission :				
Commissaire militaire...........				
Commissaire technique..........				
Commissaires militaires adjoints {........................				
Secrétaires.....................				
Plantons.......................				
Poste de police.................				
2° Personnels des services particuliers détachés dans la gare.				
a) SERVICES ADMINISTRATIFS.				
Sous-intendant..................				
Officiers d'administration des subsistances.....................				
Officiers d'administration de l'habillement.....................				
Officiers d'administration des bureaux.......................				
Hommes de troupe..............				
Hommes des services auxiliaires.				
b) SERVICE DE SANTÉ.				
Personnel militaire. { Médecins.............				
Officiers d'administration...........				
Hommes de troupe.				
Personnel de la Société de secours aux blessés. { Médecins }				
Comptables........				
Infirmiers..........				
c) ARTILLERIE.				
Officiers.......................				
Officiers d'administration........				
Hommes de troupe..............				
d) GÉNIE.				
Officiers.......................				
Adjoints........................				
Hommes de troupe..............				

(A) Dans la colonne (2) porter *nominativement* les officiers ou assimilés, le commissaire technique ainsi que les médecins de la Société de secours aux blessés et *numériquement* les hommes de troupe ainsi que les comptables et infirmiers de la Société de secours aux blessés.

Service du   *au*   19 . .

NUMÉROS DES TRAINS.	NATURE du TRANSPORT. — (Mobilisation—Troupe — Ravitaillement — Evacuation — Matériel vide.)	HEURES de DÉPART ou d'arrivée		COMPOSITION DES TRAINS.		WAGONS couverts.		TRUCS.	FOURGONS.	MACHINES		OBSERVATIONS.
		réglementaire.	effective.	VOITURES DE 1re CLASSE, de 2e classe et mixtes.	VOITURES DE 3e CLASSE et wagons couverts aménagés pour le transport des hommes.	aménagés pour le transport des chevaux.	non aménagés.			Nombre.	Numéros.	
				1° *Trains chargés et expédiés* :								
				2° *Trains reçus et déchargés* :								

ORDRES REÇUS.	SUITE DONNÉE AUX ORDRES REÇUS.

INCIDENTS A SIGNALER.

MUTATIONS ET DEMANDES.

Le Commissaire militaire,   Le Commissaire technique,

TABLEAU C.

Règlements et imprimés faisant partie des dossiers des commissions de gare dont le siège est fixé dès le temps de paix.

	1° RÈGLEMENTS ET INSTRUCTIONS.				2° TITRES ET IMPRIMÉS.						OBSERVATIONS.
	Règlement sur le service des places.	Règlement sur le service de santé en temps de guerre.	Instruction sur le service des étapes.	Instruction ministérielle concernant les officiers d'approvisionnement.	Ordres de transport.	Carnet d'ordres de réquisition.	Carnet de reçus.	Collections (b) d'imprimés et modèles relatifs à l'administration des secrétaires et plantons.	Autorisation de départ.	Journal d'opérations.	
Toutes les commissions.....	1	»	»	»	(a) N	»	»	1	»	(a) 1 à 3	a) Nombre variable suivant la durée du fonctionnement de la commission.
A ajouter pour :											
Les commissions établies dans des localités n'ayant pas de garnison.........	»	»	»	1	»	1	1	»	50 à 200	»	b) Collection constituée pour chaque commission de gare, d'après les conditions locales, par la commission ou sous-commission de réseau.
Les stations-magasins	»	1	1	»	»	»	»	»	»	»	
Les gares régulatrices.....	»	1	1	»	»	»	»	»	»	»	

NOTA. — Les règlements sur les transports ordinaires et stratégiques par chemins de fer, ainsi que les instructions annexées aux dits règlements, sont en tout temps entre les mains du chef de gare.

TABLE DES MATIÈRES

TITRE Ier

ORGANISATION.

TITRE II

FONCTIONNEMENT.

TITRE III.

PRESCRIPTIONS RELATIVES AUX DIFFÉRENTS TRANSPORTS.

CHAPITRE Ier.

TRANSPORTS DE MOBILISATION.

CHAPITRE II.

TRANSPORTS DE CONCENTRATION.

CHAPITRE III.

TRANSPORTS DE RAVITAILLEMENT ET D'ÉVACUATIONS.

CHAPITRE IV.

DISPOSITIONS GÉNÉRALES.

*Instruction relative au fonctionnement des gares
de rassemblement et des stations de transition. (1).*

(Etat-major de l'Armée ; Bureau des Etapes, Chemins
de fer, Transports.)

Paris, le 12 novembre 1900.

CHAPITRE Ier

GARES DE RASSEMBLEMENT.

Définition et rôle des gares de rassemblement.

Art. 1er. Afin de prévenir toute confusion aux gares d'arrivée, tous les transports de personnel, de matériel et d'approvisionnements à destination soit des services généraux de l'armée, soit des corps de troupe et prenant leur origine dans la circonscription territoriale d'un corps d'armée, sont dirigés, en principe, par les établissements ou les corps expéditeurs, sur la gare de rassemblement assignée à cette région territoriale (2).

A partir de cette gare, les transports, réunis autant que possible en trains complets pour une même destination, sont dirigés, sans rompre charge, par la ligne de communication :

1° Les transports de personnel et des colis destinés aux besoins intérieurs des corps ou services, directement sur les gares régulatrices ;

2° Les transports de matériel et d'approvisionnement, sur les stations-magasins.

Toutefois, il peut être dérogé à l'obligation de faire passer les transports par la gare de rassemblement lorsque les services expéditeurs peuvent charger des trains complets ou lorsque les expéditions partent de certaines gares déterminées par le Ministre, et notamment des gares dites de groupement, où sont réunis certains approvisionnements spéciaux.

Les transports de matériel de l'armée vers l'intérieur sont

---

(1) Mise à jour par l'incorporation dans le texte primitif des modifications résultant de la circulaire du 11 septembre 1908.

(2) Décret du 8 décembre 1913 portant organisation générale des services de l'arrière aux armées, et décret du 8 décembre 1913 portant règlement sur les transports stratégiques par chemins de fer.

divisés par régions de corps d'armée destinataires par les soins des commissions de gare des stations-magasins, au cas où cette division n'aurait pas été faite antérieurement. Les transports concernant chaque région sont dirigés ensuite vers la gare de rassemblement de cette région, d'où on les fait suivre sur les établissements ou les dépôts destinataires.

Chaque commission de gare de rassemblement a pour mission :

1° De reconnaître le matériel à diriger sur les armées et le matériel évacué à diriger sur l'intérieur ;

2° D'assurer la continuation des transports ;

3° De constater, s'il y a lieu, en cas de séjour exceptionnel, la durée du séjour du matériel dans la gare de rassemblement.

Le matériel de passage dans les gares de rassemblement doit continuer sa route, sans retard, après un simple triage ne donnant lieu à aucune écriture (1).

Personnel attribué aux gares de rassemblement.

Art. 2. Dans chaque gare de rassemblement, siège une commission de gare comprenant le personnel ci-après :

a) Un officier supérieur (commissaire militaire) ;

b) Le chef de gare (commissaire technique) ;

c) Un officier adjoint au commissaire militaire ;

d) Un secrétaire et deux plantons fournis par l'un des corps territoriaux de la région.

Il est, en outre, attaché à la commission de gare :

a) Un officier d'administration du service de l'habillement désigné dès le temps de paix ;

b) Un sergent et deux caporaux de la section active ou territoriale de commis et ouvriers militaires d'administration ;

c) Dix hommes appartenant aux services auxiliaires ou, à défaut, à la réserve de l'armée territoriale et même exceptionnellement à l'armée territoriale.

Attributions du commissaire militaire (1).

Art. 3. Le commissaire militaire dirige le service d'après les ordres qu'il reçoit de la commission de réseau dont il dépend.

---

(1) Article 37 du règlement sur les transports stratégiques.

Il veille à ce que les transports soient réunis autant que possible en trains complets pour une même destination ; il assure la continuation de route qui doit se faire sans retard.

Il constate enfin, s'il y a lieu, en cas de séjour exceptionnel du matériel dans la gare de rassemblement, la durée du séjour.

Il remplit dans la gare les fonctions de commandant d'armes et il en exerce tous les droits.

Si la gare de rassemblement est installée dans une localité où ne réside pas un fonctionnaire de l'intendance et où il n'y a pas de commandant d'armes, le commissaire militaire remplit en outre les fonctions de suppléant du sous-intendant militaire.

Attributions de l'officier d'administration.

Art. 4. L'officier d'administration procède, sous l'autorité du commissaire militaire de gare, à la reconnaissance sommaire et à un simple triage du matériel et des approvisionnements de passage dans la gare de rassemblement.

Lorsque les transports sont effectués par wagons plombés, il se borne à constater que les plombs sont intacts à l'arrivée.

Pour les transports effectués par wagons non plombés, il s'assure :

1° Que les colis expédiés de l'intérieur à destination des armées ou ceux expédiés des armées sur l'intérieur sont soliment conditionnés et portent sur leurs deux faces, en gros caractères, l'adresse du destinataire ainsi que la nature du matériel (2) ;

2° Qu'en ce qui concerne les colis particuliers à destination de corps de troupe ou de service aux armées, l'adresse du destinataire comporte en gros caractères l'indication du corps de troupe ou service, de la division, du corps d'armée et de l'armée (2) ;

3° Que chaque wagon (plombé ou non plombé) porte extérieurement une inscription sommaire indiquant (3) :

a) La nature et l'importance du chargement ;

b) La gare expéditrice ;

c) La gare de destination.

---

(1) Cet article complète, en ce qui concerne le service spécial des *gares de rassemblement*, les prescriptions de l'instruction du 30 juin 1900 sur les commissions de gare (article 15).

(2) Article 58 du règlement sur les transports stratégiques.

(3) Articles 59 et 60 du règlement sur les transports stratégiques.

(Cette inscription est faite sur une étiquette de couleur rouge pour les wagons chargés de munitions et de substances explosibles.)

Les titres de transport étant établis soit à l'origine du parcours jusqu'à la station-magasin ou la gare régulatrice (suivant le cas) pour le matériel à destination des armées, soit à la gare régulatrice jusqu'à destination pour le matériel évacué (1), les transports ne donnent lieu à aucune écriture dans les gares de rassemblement.

Avances de fonds.

Art. 5. Pour les achats de matériaux qu'il peut être nécessaire d'effectuer en vue de compléter le conditionnement des colis, pour le paiement, s'il y a lieu, des gratifications aux ouvriers militaires et autres dépenses, l'officier d'administration reçoit, au titre du service de l'habillement, une avance de fonds de cinq cents francs.

Cette avance lui est remise par le comptable du magasin d'habillement de la région pour le compte duquel il opère comme gérant d'annexe.

Si, en raison de l'éloignement de la gare de rassemblement, les fonds ne peuvent être remis par ce comptable, le sous-intendant militaire, dans la circonscription administrative duquel se trouve la gare de rassemblement, adresse, à la mobilisation, à l'officier d'administration de cette gare un mandat d'avance payable sur son acquit et accompagné d'une procuration dudit comptable.

Pour les avances subséquentes, les envois de fonds ont lieu par mandat sur le Trésor, quand ces fonds ne peuvent être remis directement à l'officier d'administration de la gare de rassemblement.

Ce dernier produit la justification de ces avances au comptable du magasin d'habillement duquel il relève, sous forme d'un bordereau des pièces et quittances (formule n° 417 de la nomenclature) (2).

Les recettes et les dépenses sont inscrites sur le livre de caisse (n° 202-F de la nomenclature).

L'officier d'administration de la gare de rassemblement ne tient aucun autre registre.

---

(1) Article 57 du règlement sur les transports stratégiques.
(2) C'est dans un but de simplification qu'on a adopté cette formule, dont le modèle (n° 3) est annexé à l'instruction du 22 août 1899 sur le service des subsistances en campagne.

Documents et imprimés.

Art. 6. Une collection de documents et imprimés est constituée pour l'officier d'administration affecté à la gare de rassemblement.

Cette collection dont la composition est indiquée à l'annexe n° 1 à la présente instruction est conservée en temps de paix dans le lieu désigné par le commandant du corps d'armée, sur la proposition du directeur de l'intendance et envoyée, à la mobilisation, sur la gare de rassemblement à l'adresse de l'officier d'administration attaché à cette gare.

Des mesures relatives à cet envoi sont prévues dans les journaux de mobilisation du service du territoire.

Administration des hommes de troupe.

Art. 7. Les commis et ouvriers militaires d'administration sont mis en subsistance dans l'un des corps de troupe désignés dès le temps de paix parmi ceux les plus rapprochés de la gare de rassemblement.

En cas d'impossibilité et par application des dispositions de l'article 4 du règlement du 20 mars 1906 sur l'administration des corps de troupe, ils sont administrés, au titre de la section à laquelle ils appartiennent, par les soins de l'officier d'administration attaché à la gare de rassemblement.

Les hommes forment alors ordinaire ou sont nourris par réquisition chez l'habitant.

L'officier d'administration ouvre, par mois, une feuille de présence des hommes composant le détachement (1); cette feuille, conforme au modèle n° 2 annexé à la présente instruction, relate sommairement les mutations, l'effectif journalier et le nombre des journées de présence dans le mois, décomposées par grade. Elle mentionne le nombre de rations de vivres pour lequel des bons ont été établis ou des reçus de prestations délivrés; elle porte en outre le décompte des prestations dues au titre de la solde pour le mois échu.

Elle est certifiée, décomptée et arrêtée par l'officier d'administration de la gare de rassemblement.

Les mutations sont justifiées par les pièces ordinaires (ordres de route, billets d'hôpital, ordres de mise en subsistance, etc.).

---

(1) C'est dans un but de simplification que, bien que relevant administrativement du territoire, on applique à ce détachement les dispositions concernant l'administration des détachements particuliers employés aux armées.

L'officier d'administration paye : 1º à la fin de chaque mois, la solde des sous-officiers à traitement mensuel (sur état émargé); 2º les 1ᵉʳ, 11 et 21 de chaque mois, le prêt des hommes de tous grades à solde journalière. A cet effet, il inscrit la dépense correspondante dans un chapitre particulier ouvert à la gauche du livre de caisse (n° 202-F de la nomenclature).

A l'expiration de chaque mois, il envoie une expédition de la feuille mensuelle au commandant de la section, qui le rembourse soit directement, soit par mandat sur le Trésor, de la somme égale au montant arrêté et rectifié de la feuille de présence. Au reçu de la somme, l'officier d'administration inscrit la recette au livre de caisse.

Lorsque le détachement de commis et ouvriers militaires d'administration est administré au titre de la section, au lieu d'être mis en subsistance dans un corps de troupe, il reçoit lui-même en subsistance les secrétaire et plantons de la commission de gare.

CHAPITRE II

STATIONS DE TRANSITION.

Définition et rôle des stations de transition.

Art. 8. On appelle « stations de transition » les stations qui séparent les sections de chemins de fer exploitées par le personnel des compagnies des sections exploitées par les troupes de chemin de fer (1).

Il est toujours établi, à l'origine du parcours, des titres distincts :

1º Pour les transports en-deçà des stations de transition ;

2º Pour les transports au-delà desdites stations (2).

Le rôle du personnel attribué aux stations de transition, et dont la composition est indiquée à l'article suivant, consiste à reconnaître sommairement et à réexpédier immédiatement sur leur destination définitive le matériel et les approvisionnements en provenance ou à destination de l'armée.

Personnel attribué aux stations de transition.

Art. 9. Dans chaque station de transition siège une commission de gare comprenant le personnel désigné ci-après :

______

(1) Décret portant organisation générale des services de l'arrière.
(2) Articles 6 et 57 du règlement sur les transports stratégiques.

a) Un officier supérieur ou subalterne (commissaire militaire) ;

b) Le chef de gare (commissaire technique) ;

c) Un officier adjoint au commissaire militaire ;

d) Un secrétaire et deux plantons fournis par les troupes d'étapes et de chemins de fer.

A la commission de gare de station de transition est attaché, en qualité de comptable transitaire, un officier d'administration du service de l'habillement et du campement qui est prélevé parmi le personnel affecté aux commandements d'étapes de l'armée desservie par la station de transition.

Cet officier d'administration a, à sa disposition, deux commis aux écritures et quatre hommes prélevés sur les détachements de commis et ouvriers militaires d'administration du service des étapes, d'après les ordres du directeur de l'intendance des étapes.

Attributions du commissaire militaire (1).

Art. 10. Le commissaire militaire de la station de transition remplit les fonctions de suppléant du sous-intendant militaire. Il s'assure que les titres concernant le transport qui vient d'être effectué sont régularisés, que les titres préparés au départ pour le transport au delà de la station sont dûment complétés et que les uns et les autres sont remis à qui de droit.

Attributions du comptable transitaire et écritures à tenir par lui.

Art. 11. Pour tous les services militaires indifféremment, le comptable transitaire donne décharge au transporteur pour le transport effectué jusqu'à la station de transition, en mentionnant, s'il y a lieu, les pertes ou avaries qu'il aurait constatées après une reconnaissance sommaire.

Il signe comme expéditeur les titres concernant le transport au delà de la station, en y mentionnant, s'il y a lieu, les annotations nécessitées par les pertes ou avaries reconnues à l'arrivée.

Il relève, pour l'exécution de son service, du commissaire militaire de la station de transition.

Le matériel et les approvisionnements étant réexpédiés im-

---

(1) Cet article complète, en ce qui concerne le service spécial des *gares de transition,* les prescriptions de l'instruction du 30 juin 1900 sur les commissions de gare.

médiatement sur leur destination définitive, le comptable transitaire se borne à les inscrire sur le registre des expéditions mises en mouvement ou arrivées à destination.

Il tient, en outre, le livret de caisse (n° 202-F de la nomenclature) pour l'inscription des recettes et dépenses concernant la solde du détachement (voir art. 13).

Documents et imprimés.

Art. 12. Les documents et imprimés nécessaires au comptable transitaire lui sont fournis, aux quantités ci-après, par prélèvement sur les collections constituées au titre des commandements d'étapes de l'armée, savoir :

La présente instruction..	1
Décret portant organisation générale des services de l'arrière aux armées et décret portant règlement sur les transports stratégiques par chemin de fer...	1
Registre des expéditions mises en mouvement ou arrivées (feuille de tête à destination.. intercalaire.	1 / 25
Feuille de présence du détachement (modèle n° 2 annexé à la présente instruction)..	12
Livre de caisse (formé de 10 imprimés n° 202 F de la nomenclature)....	1

Administration des hommes de troupe.

Art. 13. Les commis et ouvriers d'administration visés à l'art. 9 sont administrés dans les conditions prévues pour les détachements particuliers, par l'instruction ministérielle du 22 septembre 1888, relative au commandement et à l'administration des détachements d'ouvriers militaires d'administration et d'infirmiers militaires aux armées en campagne.

Comme l'officier d'administration de la station de transition ne reçoit pas d'avance de fonds pour le service d'exploitation, la solde du détachement lui est, exceptionnellement, remise ou envoyée d'avance, par mois, contre reçu, par le commandement du détachement principal des étapes de l'armée.

Cette avance de solde se trouve régularisée à l'expiration de chaque mois par la production d'une expédition de la feuille de présence des hommes composant le détachement.

Cette feuille, conforme à l'annexe n° 2 de la présente instruction, relate sommairement les mutations, l'effectif journalier et le nombre de journées de présence dans le mois décomposées par grade. Elle mentionne le nombre de rations de vivres pour lequel des bons ont été établis ou des reçus de prestations délivrées ; elle porte en outre le décompte des prestations dues au titre de la solde pour le mois échu.

S'il n'y a pas de concordance entre le montant de la feuille mensuelle et le montant de l'avance reçue, il est tenu compte de la différence au titre du mois suivant.

Les recettes et les dépenses dont il s'agit sont inscrites au livre de caisse (n° 202-r de la nomenclature).

Les secrétaire et plantons du commissaire militaire, également visés au susdit article, peuvent être mis en subsistance au détachement de commis et ouvriers militaires d'administration de la station de transition.

Les hommes forment ordinaire ou sont nourris par réquisition chez l'habitant.

Abrogation des dispositions antérieures.

Art. 14. La présente instruction abroge et remplace celle du 18 mai 1893, relative au fonctionnement du service de transit dans les gares de rassemblement de la zone de l'intérieur.

Paris, le 12 novembre 1900.

ÉTAT indiquant la composition de la collection de documents et imprimés destinée à l'officier d'administration du service de l'habillement affecté à une gare de rassemblement.

NUMÉros de la nomenclature.	DÉSIGNATION DES DOCUMENTS ET IMPRIMÉS.	QUANTITÉS.	OBSERVATIONS.
»	La présente instruction............	1	
»	Décret portant organisation générale des services de l'arrière et décret portant règlement sur les transports stratégiques par chemins de fer....	1	
»	Feuille de présence du détachement (annexe n° 2 à la présente instruction)................................	12	
202ᶠ	Livre de caisse.....................	1	Ce livre de caisse est formé de 10 formules n° 202ᶠ de la nomenclature générale.
417	Bordereau des pièces et quittances...	10	

MODÈLE Nº 1.

Articles 8 et 12 de l'instruction du 29 septembre 1888, modifié le 11 septembre 1908.

• ARMÉE.

• CORPS D'ARMÉE.

• DIVISION.

(1) Active ou territoriale.

(2) Commis et ouvriers militaires d'administration ou infirmiers militaires.

(3) Du corps d'armée ou des étapes de la   armée

(4) Convoi administratif de
ou convoi auxiliaire de
ou hôpital de campagne de
ou ambulance de
ou commandement d'étapes de
ou station tête d'étapes de guerre.

Pièces justificatives à joindre à la feuille de présence.

—

A) Pièces de mutations de toutes sortes ou, à défaut, déclarations de mutations.

B) Copie des ordres de mouvement.

C) Ordres relatifs aux allocations extraordinaires en vivres.

D) Etat émargé par les sous-officiers à solde mensuelle.

E) Feuilles de prêt de militaires à solde journalière.

F) Bons, bulletins de mouvement, de réparations, procès-verbaux de pertes, etc.

G) Demandes d'effets d'habillement et de campement.

H) Etat des effets et objets d'habillement délivrés.

I) D'une manière générale, toute pièce de nature à appuyer la comptabilité.

SECTION (1)

D (2)

Désignation du détachement principal (3)....{   DÉTACHEMENT PRINCIPAL

Désignation du détachement particulier (4)..{

Nom et qualité de l'officier commandant.....{

FEUILLE DE PRÉSENCE DE DÉTACHEMENT

pour le mois d   191 .

RENSEIGNEMENTS SUR LES DIVERSES POSITIONS

DU DÉTACHEMENT

§ 1er. — SOUS-OFFICIERS A SOLDE MENSUELLE.

GRADES.	NOMS.	MUTATIONS.	NOMBRE de journées pendant le mois	JOURNÉES de RAPPEL (1)		TOTAL des JOURNÉES		TARIF DE SOLDE par journée		DÉCOMPTE — SOLDE		NOMBRE DE RATIONS de vivres comprises sur les bons de distributions ou reçus de prestations. — Pour mémoire.	OBSERVATIONS.
			d	de présence.	d'absence.	de présence.	d'absence.	de présence.	d'absence.	de présence.	d'absence.		
								fr. c.	fr. c.				
ADJUDANTS. A partir de la 12e année de service............								5 50	2 75				
De la 9e à la 11e année de service inclus.....								5 30	2 65				
De la 6e à la 8e année de service inclus.....								5 10	2 55				
SERGENTS-MAJORS. A partir de la 12e année de service............								4 10	2 05				
De la 9e à la 11e année de service inclus.....								3 90	1 95				
De la 6e à la 8e année de service inclus.....								3 70	1 85				
SERGENTS. A partir de la 12e année de service............								3 80	1 90				
De la 9e à la 11e année de service inclus.....								3 60	1 80				
De la 6e à la 8e année de service inclus.....								3 40	1 70				
						TOTAUX.........							
						TOTAL GÉNÉRAL........							

(1) Les journées de rappel doivent être justifiées dans la colonne « Observations ».

§ 2. — SOUS-OFFICIERS A SOLDE JOURNALIÈRE, CAPORAUX ET SOLDATS.

DATES	MUTATIONS SOMMAIRES.	JOURNÉES DE PRÉSENCE.						EFFEC- TIF JOUR- NALIER.	SUBSIS- TANTS.	JOURNÉES DE RAPPEL (sous-officiers servant au delà de la durée légale) (1).						HAUTES PAYES (NOMBRE DE).													NOMBRE DE RATIONS de vivres comprises sur les bons de distribution ou reçus de prestations jour- nalières. — Pour mémoire.	OBSERVATIONS.
		Adju- dants.	Ser- gents- majors.	Ser- gents.	Capo- raux four- riers.	Capo- raux.	Soldats.			Adju- dants.		Ser- gents- majors.		Ser- gents.		Sous-officiers.				Caporaux.				Soldats.						
										Présence.	Absence.	Présence.	Absence.	Présence.	Absence.															
1er..																														
2...																														
3...																														
4...																														
5...																														
6...																														
7...																														
8...																														
9...																														
10...																														
11...																														
12...																														
13...																														
14...																														
15..																														
16...																														
17...																														
18...																														
19...																														
20...																														
21...																														
22...																														
23...																														
24...																														
25...																														
26...																														
27...																														
28...																														
29...																														
30...																														
31...																														
	TOTAUX des journées. Journées de rappel (1).																													
	TOTAUX GÉNÉRAUX..																													

(1) A justifier dans la colonne « Observations ».

(2) Nom et grade.

CERTIFIÉ la présente feuille de présence par nous (2),

commandant le détachement particulier.

A le   191   .

DÉCOMPTE.

§ 1er. — SOUS-OFFICIERS A SOLDE MENSUELLE.

Report du total général du paragraphe premier.........ci·

§ 2. — SOUS-OFFICIERS A SOLDE JOURNALIÈRE.
CAPORAUX ET SOLDATS.

A. — Solde et alimentation.

	JOURNÉES		TARIF.			DÉCOMPTE.			
			SOLDE			SOLDE			
	de présence.	d'absence.	de présence.	d'absence.	Prime fixe d'alimentation.	de présence.	d'absence.	Prime fixe d'alimentation.	
Adjudants........			2 44	1 53	(1)				
Sergents-majors..			1 02	0 83					
Sergents.........			0 72	0 68					
Caporaux fourriers			0 52	»					
Caporaux.........			0 22	»					
Soldats..........			0 05	»					
TOTAUX........									

TOTAL GÉNÉRAL..... ci.

B. — Hautes payes.

	SOUS-OFFICIERS.	CAPORAUX.	SOLDATS.
Taux...			
Nombre de journées			
Décompte partiel.			

Décompte total des hautes payes .. ci·

Décompte total de la feuille de présence ....

ARRÊTÉ le présent décompte à la somme de

Vu :

Le *Sous-Intendant militaire chargé de la vérification des comptes du détachement particulier,*

Vu :

Le *Sous-Intendant militaire chargé de la vérification des comptes du détachement principal,*

A   , le   19 .

(2)

Après vérification et rectification d'office, le Commandant du détachement principal arrête le décompte de la présente feuille à

A   , le   19 .

(3)

---

(1) Intérieur.................. 0 fr. 20
Algérie. Territoire civil. Tunisie .... 0 fr. 24
Algérie. Territoire militaire.. 0 fr. 20

(2) Signature du Commandant du détachement particulier.
(3) Signature du Commandant du détachement principal.

TABLE DES MATIÈRES.

CHAPITRE Ier.

GARES DE RASSEMBLEMENT.

CHAPITRE II.

STATIONS DE TRANSITION.

IV. — Stations haltes-repas.

Instruction sur l'alimentation pendant les transports en chemins de fer et sur l'organisation et le fonctionnement des stations haltes-repas (1).

(Etat-major de l'Armée ; Bureau des Etapes, Chemins de fer, Transports et Direction de l'Intendance.)

Paris, le 18 août 1902.

Objet de la présente instruction.

La présente instruction a pour objet de fixer les règles générales d'après lesquelles est assurée l'alimentation des troupes (et éventuellement des agents des compagnies de chemins de fer) pendant les transports par voies ferrées, et d'exposer en détail le service, l'organisation et le fonctionnement des stations haltes-repas créées en vue de cette alimentation.

TITRE Ier.

ALIMENTATION PENDANT LES TRANSPORTS EN CHEMINS DE FER.

CHAPITRE Ier.

Art. 1er. — Dispositions générales. Service des stations haltes-repas.

Dispositions générales.

L'alimentation, au cours des transports par chemins de fer, est assurée au moyen :

De vivres emportés au départ ;

De vivres délivrés par les buffets et les cantines organisés dans certaines gares ;

---

(1) Mise à jour par l'incorporation dans le texte primitif des dispositions contenues dans les circulaires des 30 avril 1909, 15 janvier 1911, 20 novembre 1911 et 22 octobre 1913.

De distributions faites par l'administration militaire dans certaines gares spécialement aménagées à cet effet, dites stations haltes-repas ;

De distributions faites pendant les transports d'évacuation aux infirmeries de gare et à certaines stations haltes-repas, pour l'alimentation des malades, des blessés et des prisonniers de guerre.

Le fonctionnement des buffets et des cantines est réglé par l'instruction spéciale sur les commissions de gare.

Le service des infirmeries de gare est réglé par l'instruction spéciale sur le fonctionnement de ces infirmeries.

Service des stations haltes-repas.

Dans les stations haltes-repas, le service consiste en temps de guerre :

1° *Pendant les transports de concentration :*

A distribuer aux troupes de passage 25 centilitres de café chaud mélangé d'eau-de-vie (ou tafia) dans la préparation desquels il entre :

10 grammes de café,
10 grammes de sucre,
et 0^l,03125 d'eau-de-vie (demi-ration).

2° *Pendant les transports de ravitaillement et d'évacuation :*

a) A distribuer au personnel de remplacement à destination des armées, 25 centilitres de café chaud, à la composition indiquée ci-dessus.

b) A distribuer aux hommes voyageant isolément (convoyeurs de trains de ravitaillement, toucheurs de bestiaux, etc.), aux hommes blessés ou malades et aux prisonniers de guerre, des repas comprenant :

150 grammes de conserves de viande assaisonnées;
et 25 centilitres de café chaud mélangé d'eau-de-vie.

c) A distribuer, en outre, aux hommes blessés ou malades et aux prisonniers de guerre, lorsque le trajet à effectuer doit dépasser quarante-huit heures, le nombre de rations de pain nécessaire pour assurer leur alimentation jusqu'à destination ;

3° A distribuer aux agents des compagnies de chemins de fer chargés de la conduite des trains, dans les conditions indiquées à l'article 6 ci-après, des repas ayant la composition indiquée ci-dessus (§ 2), plus 375 grammes de pain par repas ;

4° A mettre à la disposition des hommes de passage, qui pourront en remplir leurs petits bidons, une boisson préparée à l'avance en mélangeant 25 centilitres d'eau-de-vie dans 10 litres d'eau (article 31);

5° A assurer la fourniture de l'eau potable aux hommes et aux chevaux;

6° A faire, au besoin, des distributions à charge de remboursement (voir art. 7).

Les officiers ont droit, dans les mêmes conditions que les hommes, aux distributions faites dans les stations haltes-repas. Ils ne reçoivent qu'une ration.

Les stations haltes-repas peuvent aussi être utilisées pour l'alimentation des troupes pendant les transports du temps de paix (art. 8).

CHAPITRE II.

TEMPS DE GUERRE.

SECTION I.

TRANSPORTS DE MOBILISATION.

Art. 2. — **Militaires voyageant en détachement ou isolément.**

§ 1er. — *Détachements formés par les corps de troupe.*

L'alimentation, en cours de route, de ces détachements, est assurée au moyen de distributions de pain et de vivres froids faites au départ, pour toute la durée du trajet, par les soins des corps de troupe chargés de la mise en route, et à raison d'une demi-ration par période de douze heures ou inférieure à cette durée (1).

En principe, la demi-ration doit comprendre :

375 grammes de pain,

---

(1) Pour les cadres de conduite allant chercher des détachements dans des centres de groupement où ils doivent séjourner, l'alimentation est assurée : 1° pendant le transport à l'aller, à l'aide du pain et des vivres froids délivrés avant le départ par les corps; 2° pendant le séjour au centre de groupement, et pendant le transport du retour, à l'aide de vivres achetés dans les conditions spécifiées au paragraphe 2 ci-après, par prélèvement sur le montant de l'indemnité journalière, laquelle sera allouée à chaque homme pour le nombre de jours nécessaire et payée en totalité par le corps avant le départ.

150 grammes de viande froide (bœuf ou tout autre équivalent).
5 grammes de sel.

La fourniture du pain est assurée par l'administration militaire ; celle des vivres froids incombe aux ordinaires. Les quantités de farine et de sel nécessaires pour la fabrication du pain ne sont pas constituées en temps de paix ; elles seront prélevées sur les approvisionnements généraux de chaque place, au moment du besoin.

§ 2. — *Détachements formés par les bureaux de recrutement.*

Les vivres (pain, vivres froids, boissons hygiéniques) nécessaires pour assurer la subsistance des militaires composant ces détachements sont achetés par les soins des chefs de détachement, soit aux points de départ dans le commerce local, soit en cours de route, dans les buffets ou les cantines organisés dans les gares où les hommes doivent s'arrêter.

Le prix des repas à fournir par les buffets et cantines est fixé par la commission de gare et affiché d'une façon bien visible. Ces repas se composent d'une manière générale : de morceaux de pain d'une demi-ration (375 grammes environ) contenant un morceau de viande, de la charcuterie, du fromage, ou toute autre denrée au prix approximatif de 0 fr. 50.

Le payement de ces achats est effectué par prélèvement sur le montant de l'indemnité journalière allouée à chaque homme et qui est versé entre les mains des chefs de détachements par les bureaux de recrutement.

En arrivant dans une gare précédant de quelques heures la gare-buffet où le commandant du détachement a l'intention de faire manger ses hommes, il demande au commissaire militaire, ou, à son défaut, au chef de gare, d'aviser télégraphiquement le buffetier du nombre de repas à préparer.

§ 3. — *Militaires voyageant isolément.*

Les militaires voyageant isolément pour rejoindre soit leur corps de troupe, soit un bureau de recrutement, doivent emporter de chez eux des vivres pour un ou deux jours, suivant les indications portées à ce sujet sur leur fascicule de mobilisation.

Ceux de ces militaires qui, en raison de la durée du trajet, auraient consommé la totalité des vivres dont ils doivent être porteurs, avant de rejoindre leur corps de troupe ou le bureau de recrutement désigné, se procurent, dans les cantines et dans les buffets organisés, le complément des vivres nécessaires.

Ils sont remboursés de leurs avances au moyen de l'indemnité journalière qui leur est allouée.

SECTION II.

TRANSPORTS DE CONCENTRATION.

ART. 3. — Alimentation des troupes pendant les transports de concentration.

Alimentation des hommes.

L'alimentation des hommes *pendant les transports de concentration* est assurée :

1° Au moyen de vivres fournis par l'administration militaire dans les lieux de mobilisation, pour toute la durée du trajet, à raison de :

375 grammes de pain,
100 grammes de conserves de viande assaisonnées;

par période de douze heures ou inférieure à douze heures; les conserves de viande sont distribuées en boîtes de 300 grammes à raison d'une boîte pour 3 hommes par repas.

2° Au moyen de repas fournis par l'ordinaire, à raison d'un repas par période de vingt-quatre heures. Ces repas se composent de viande froide ou de charcuterie, de fromage ou d'autres denrées analogues, achetées la veille du départ en quantité suffisante pour toute la durée du trajet. En vue de tenir compte aux ordinaires de la dépense supplémentaire pouvant résulter de ces achats, la prime fixe d'alimentation (pied de guerre) est doublée pendant les transports de concentration, toute période de transport inférieure à vingt-quatre heures comptant pour une journée.

3° Au moyen de café chaud, à la composition indiquée à l'article 1er, distribué dans les stations haltes-repas à raison de 25 centilitres par homme et par période de douze heures.

En outre, les hommes peuvent, à leur passage dans les stations haltes-repas, remplir leurs petits bidons d'eau additionnée d'eau-de-vie, conformément aux indications de l'article 31 ci-après.

Les vivres fournis par l'administration militaire et les repas fournis par l'ordinaire sont désignés sous la rubrique : « vivres de chemins de fer ».

Ils sont distribués aux hommes et placés par eux de la manière suivante, au départ de la garnison :

Les repas froids dans la gamelle individuelle ; le pain, les conserves de viande assaisonnées dans l'étui-musette.

Si le voyage doit durer plusieurs jours, une partie de ces vivres peut être logée dans une des voitures de l'unité.

Les vivres de chemins de fer sont consommés aux heures habituelles des repas. Les boîtes de conserves de viande sont ouvertes au moment opportun, sur l'ordre du chef de wagon, qui dispose, à cet effet, d'un ustensile dont l'achat est à effectuer, dès le temps de paix, par les corps de troupe, sur les fonds des ordinaires.

Les boîtes dont le contenu présenterait des traces d'avaries seraient présentées à la station halte-repas la plus proche, qui en effectuerait le remplacement.

Les vivres de réserve et de débarquement, ne doivent, en aucun cas, être consommés pendant le trajet en chemin de fer.

Alimentation des chevaux.

Les troupes de toutes armes touchent au départ, pour leurs chevaux, du foin et de l'avoine en quantité proportionnée à la durée du trajet en chemin de fer, à raison de 5 kilogrammes de foin et de 2 kilogrammes d'avoine par cheval et par jour.

Ces perceptions sont indépendantes de l'avoine de bissac également délivrée au départ et à laquelle il ne doit pas être touché pendant le transport. Elles ont lieu au titre des transports stratégiques (1). Les fourrages emportés sont placés dans les wagons avec les chevaux.

SECTION III.

TRANSPORTS DE RAVITAILLEMENT ET D'ÉVACUATION.

Art. 4. — **Alimentation pendant les transports de ravitaillement.**

L'alimentation du personnel de remplacement à destination des armées est assurée dans les conditions prévues à l'article 3 pour l'alimentation pendant les transports de concentration.

____

(1) Voir la notice sur les approvisionnements pour les transports en chemin de fer, page 269.

Les hommes sont pourvus, aux points de départ, des rations de pain nécessaires pour toute la durée du transport. Si le trajet est supérieur à quarante-huit heures, le pain distribué doit être, autant que possible, du pain biscuité.

Dans le cas où les ressources des magasins administratifs en conserves de viande seraient insuffisantes pour faire face en totalité ou en partie aux besoins à assurer, les corps chargés de la mise en route du personnel suppléeraient à cette insuffisance par des distributions de repas froids qui seraient fournis par les ordinaires.

Les convoyeurs des trains de ravitaillement et les toucheurs qui accompagnent les trains de bétail se procurent soit dans les haltes-repas, soit dans les buffets ou les cantines organisés dans les gares, au moyen de l'indemnité journalière qui leur est allouée, les vivres nécessaires pour assurer leur subsistance en cours de route.

ART. 5. — **Alimentation pendant les transports d'évacuation.**

Les dispositions diffèrent suivant qu'il s'agit de blessés et de malades, ou bien de prisonniers de guerre.

1° *Blessés et malades.* — Les hommes évacués emportent, au départ, deux jours de pain perçus à l'hôpital d'évacuation.

Si le trajet doit dépasser quarante-huit heures, certaines haltes-repas, avisées dès le départ, auront à distribuer en cours de route le pain nécessaire.

L'alimentation est assurée, pendant le transport, au moyen de repas légers dont la préparation et la distribution incombent aux infirmeries de gare, et au moyen de repas administratifs de la composition indiquée à l'article 1er, § 2, qui sont préparés et distribués par les stations haltes-repas, comme il est dit plus loin (articles 27 et suivants).

Les haltes-repas n'ont donc à fournir que le nombre de repas administratifs et, éventuellement, le nombre de rations de pain, commandées à l'avance.

2° *Prisonniers de guerre.* — L'évacuation des prisonniers de guerre se fait dans les conditions prévues par le règlement du 21 mars 1893 sur les prisonniers de guerre.

Les prisonniers reconnus blessés ou malades sont évacués, comme il est dit ci-dessus, par les soins du service de santé.

Les prisonniers de guerre valides sont évacués sur les dépôts de l'intérieur par le service des étapes, qui leur fait distribuer au départ deux jours de pain et règle leur alimentation pendant le transport ; les haltes-repas intéressées sont avisées en temps utile du nombre de repas à distribuer en cours de route et du nombre de rations de pain à délivrer si le trajet devait dépasser quarante-huit heures.

SECTION IV.

Art. 6. — Dispositions spéciales aux agents des compagnies de chemins de fer chargés de la conduite des trains (1).

En vue d'éviter les difficultés que pourraient éprouver les compagnies de chemins de fer pour assurer, à la mobilisation, la nourriture de leurs agents chargés de la conduite des trains, l'alimentation de ces agents peut, sur la demande faite dès le temps de paix par les compagnies, être assurée par les soins de l'administration militaire.

Ces agents sont autorisés, dans ce cas, à percevoir, dans les stations haltes-repas où des distributions seront faites à la troupe transportée, un repas dont la composition est indiquée à l'article 1er, § 2.

En raison du petit nombre de rations supplémentaires à distribuer de ce fait, il n'est pas prévu d'approvisionnement spécial en temps de paix.

L'officier d'administration gérant se procure le pain nécessaire dans les conditions indiquées à l'article 13, pour le personnel de la station halte-repas.

Le mode de perception et de régularisation de ces fournitures est indiqué à l'article 41 ci-après.

SECTION V.

Art. 7. — Perceptions à titre remboursable aux haltes-repas.

En cas de besoins urgents ou imprévus, des distributions de

---

(1) Des dispositions spéciales ont été prévues concernant les agents employés dans les gares. (Voir l'instruction spéciale, page 263.

café chaud, de conserves de viande assaisonnées pourront être faites aux troupes, à charge de remboursement, pendant les transports de cencentration, de ravitaillement et d'évacuation.

CHAPITRE III.

TEMPS DE PAIX.

Art. 8. — Utilisation des haltes-repas en temps de paix.

Les haltes-repas peuvent être utilisées en temps de paix, si l'ordre en est donné par le Ministre, pour assurer l'alimentation des troupes transportées par voies ferrées.

Dans ce dernier cas, elles fonctionnent pour les transports de concentration suivant les règles établies pour le temps de guerre (art. 3).

Pendant les transports qui suivent la dislocation, les distributions aux troupes comprennent soit des repas dont la composition est indiquée à l'article 1er, § 2, soit seulement 25 centilitres de café chaud mélangé d'eau-de-vie, suivant les ordres donnés par le commandement.

Les allocations sont celles prévues aux articles 1 et 3, sauf que la prime fixe d'alimentation n'est pas doublée comme pendant les transports de concentration et que les quantités de conserves de viande à recevoir en cours de route, après la dislocation, sont réduites à 100 grammes par repas (demi-ration normale), c'est-à-dire au même taux que celles touchées au départ des garnisons pour les transports de concentration.

Les distributions faites à la troupe ont lieu à titre gratuit, en remplacement des allocations correspondantes. Elles sont régularisées dans les feuilles de journées et les revues de liquidation, dans des colonnes spéciales.

La valeur des distributions faites aux officiers et assimilés est remboursée directement par ceux-ci entre les mains de l'officier d'administration gérant la halte-repas, d'après les prix fixés par le tarif annuel de remboursement des trop-perçus du service des subsistances militaires.

Les dépenses occasionnées par le fonctionnement proprement dit des haltes-repas en temps de paix sont acquittées provisoirement par les soins des directeurs du service de l'intendance des régions, sur les crédits de chacun des services intéressés. Elles sont remboursées ensuite aux services qui en ont fait l'avance, dans les conditions prévues à l'instruction relative aux exercices d'embarquement et de débarquement sur les chemins de fer.

TITRE II.

ORGANISATION ET FONCTIONNEMENT DES HALTES-REPAS.

CHAPITRE Ier.

ORGANISATION DES STATIONS HALTES-REPAS.

SECTION I.

DISPOSITIONS GÉNÉRALES.

ART. 9. — Bases de l'organisation.

Les commissions de gare exercent, dans les haltes-repas, les fonctions générales qui leur sont attribuées par l'instruction ministérielle sur les commissions de gare.

Le service des vivres est, dans tous les cas, subordonné aux nécessités du service technique des chemins de fer.

Les effectifs à alimenter par les stations haltes-repas sont très variables suivant la nature des trains.

La commission de la station halte-repas est informée en temps utile de l'effectif à alimenter. Ce renseignement lui est adressé par les soins de la commission de gare d'une des gares de passage du train désignée à cet effet.

Les arrêts des trains dans les haltes-repas sont d'une heure environ. Ils peuvent être diminués, suivant les nécessités du service des chemins de fer. A son arrivée, le commandant de la troupe de passage est informé, par le commissaire militaire, de la durée exacte de l'arrêt.

SECTION II.

PERSONNEL.

ART. 10. — Officiers d'administration.

L'officier d'administration gérant la station halte-repas commande les ouvriers militaires détachés à la station; il a, à leur égard, toutes les obligations et attributions des chefs de détachement de troupe.

Deux adjoints, l'un du grade d'officier, l'autre du grade d'adjudant, sont, en principe, affectés à chaque halte-repas, pour aider ou suppléer l'officier d'administration gérant.

ART. 11. — Ouvriers militaires.

Le tableau du personnel d'une station halte-repas (page 143) indique la composition du détachement d'ouvriers militaires. Ce personnel est désigné à l'avance. Un sergent et un caporal sont fournis par la section active, les autres gradés par la section territoriale. Les ouvriers sont choisis parmi les hommes des services auxiliaires.

Le nombre des sergents et caporaux fournis par la section territoriale, ainsi que celui des hommes du service auxiliaire, est déterminé par le général gouverneur militaire ou commandant de corps d'armée, sur la proposition du directeur du service de l'intendance.

L'officier d'administration gérant la halte-repas répartit le personnel qui lui est affecté, suivant les aptitudes et les besoins, soit aux percolateurs, soit aux distributions, etc., et selon l'importance des travaux de jour et de nuit.

ART. 12. — Logement et couchage du personnel.

Il est pourvu à l'installation du personnel militaire à la diligence de la commission de gare.

Si les locaux pour le casernement manquent dans quelques stations, il convient d'examiner si l'on ne peut loger les hommes dans des maisons voisines de la gare, dans des granges ou des remises réquisitionnées, à proximité, dans la localité.

Si, exceptionnellement, on ne trouve aucun local convenable, on a recours à l'emploi de tentes sous lesquelles les hommes campent. Dans ce cas, il convient de déterminer à l'avance l'emplacement que doivent occuper ces abris.

Quand les moyens de couchage n'existent pas, chaque homme a droit à une grande et à une petite couverture ainsi qu'à de la paille qui sera délivrée au moment du besoin.

Les couvertures, ainsi que les tentes qu'il y a lieu d'allouer, sont emmagasinées à l'avance dans la station halte-repas, autant que possible, sur la demande qui en est faite par le général commandant le corps d'armée.

ART. 13. — Administration et alimentation du personnel.

Les détachements d'ouvriers d'administration s'administrent au titre de la section à laquelle appartiennent les hommes ou à laquelle ils ont été affectés. Ils reçoivent en subsistance, lorsque l'ordre en est donné par le commissaire militaire, les secrétaires et plantons de la commission de gare.

Les hommes font ordinaire conformément aux règles du temps de paix, et, à cet effet, il peut être constitué, si cela est jugé nécessaire, un approvisionnement d'ustensiles de campement.

Lorsque les hommes ne font pas partie des fractions affectées au service général des places où se trouvent les stations, la solde pour la période d'un mois est remise ou adressée par le commandant de la section, tant au moment de la mobilisation, qu'ultérieurement, à l'officier d'administration de la halte-repas. Celui-ci paie : 1° à la fin de chaque mois la solde des sous-officiers à traitement mensuel (sur état émargé); 2° les 1er, 11 et 21 de chaque mois le prêt des hommes de tout grade à solde journalière.

Exceptionnellement et quand cela est jugé nécessaire, les hommes du détachement peuvent être mis en subsistance dans un corps de troupe de la place où est la station halte-repas.

L'alimentation du personnel d'ouvriers des stations haltes-repas peut être assurée, à l'un des deux repas pris le jour, au moyen des rations de repas dont la composition est indiquée à l'article 1er, paragraphe 2, *b*.

Ces rations de repas sont considérées comme équivalant à une demi-journée de nourriture sans pain et régularisées dans les revues et feuilles de journées de la section.

L'autre repas de jour est fourni par l'ordinaire.

Les ouvriers employés pendant la nuit au service de la station halte-repas ont droit, supplémentairement, à une ration de repas à la composition visée ci-dessus.

Ces dernières rations de repas sont accordées gratuitement et régularisées sur un simple certificat administratif. Les droits sont constatés par la feuille de journées (modèle A).

Le pain nécessaire à l'alimentation des hommes est, en principe, perçu dans les magasins administratifs de la place où se trouve située la halte-repas.

A défaut, l'officier d'administration gérant se procure les quantités nécessaires par voie d'achats dans le commerce local.

SECTION III.

ART. 14. — **Installation et aménagements.**

Les aménagements doivent comprendre :

Nécessairement :
Un local pour les percolateurs ;
Un magasin ;
Un bureau pour les commis ;
Des feuillées (1) ;

Et autant que possible :
Un casernement des ouvriers militaires d'administration (art. 12);
Un bureau pour le gérant de la station ;
Des latrines pour les officiers.

En cas d'insuffisance des locaux des gares ou de locaux à proximité, le service de l'intendance installerait des tentes dont l'entretien peut être prévu dès le temps de paix.

Les stations haltes-repas doivent être pourvues de ressources suffisantes en eau potable pour les hommes et pour les chevaux (art. 31 et 32).

SECTION IV.

APPROVISIONNEMENTS DE DENRÉES (2).

ART. 15. — **Composition des approvisionnements.**

Les approvisionnements se composent des denrées ci-après :
Conserves de viande assaisonnées ;

---

(1) Voir l'instruction spéciale, page 179.
(2) Ces approvisionnements font partie des approvisionnements pour les transports en chemins de fer. (Voir notice, page 269.)

Café torréfié;

Sucre;

Eau-de-vie.

Le Ministre fixe distinctement, pour les transports de concentration et pour les transports de ravitaillement et d'évacuation, l'importance des approvisionnements nécessaires à chaque station halte-repas, d'après les nécessités du service, et détermine ceux qui doivent être formés dès le temps de paix ainsi que ceux qui ne doivent être réalisés qu'à la mobilisation.

Les nécessaires sont calculés de manière à permettre d'assurer le remplacement des conserves de viande reconnues avariées (art. 3), les distributions à titre remboursable (art. 7) et celles à faire aux agents des compagnies de chemins de fer chargés de la conduite des trains (art. 6) et enfin au personnel de commis et ouvriers d'administration affecté à la halte-repas (art. 13).

Les approvisionnements prévus au titre des transports de concentration sont, en principe, entretenus en temps de paix, sauf l'eau-de-vie (logée en fûts ou en barils) qui ne sera achetée qu'à la mobilisation.

Ceux nécessaires pour les transports de ravitaillement et d'évacuation ne seront réunis qu'à la mobilisation. Les dispositions à prendre en vue de la formation de ces approvisionnements font l'objet d'instructions ministérielles spéciales.

Le pain à distribuer pendant les transports d'évacuation, conformément aux indications de l'article 6, est fourni soit par les services en gestion directe de la place ou des places voisines, soit acheté ou requis sur place.

Art. 16. — **Emmagasinement et conservation des approvisionnements en temps de paix.**

Les approvisionnements formés dès le temps de paix sont déposés, avec affectation spéciale, en dehors des gares stations haltes-repas, dans le magasin des subsistances de la localité où se trouve la station, et, à défaut, dans le magasin des subsistances le plus rapproché.

L'officier d'administration gestionnaire de ces approvisionnements doit en assurer la conservation et en provoque, en temps voulu, le renouvellement.

Art. 17. — **Emmagasinement des denrées à la mobilisation.**

Cet emmagasinement s'effectue dans les conditions indiquées à l'article 14.

SECTION V.

MATÉRIEL.

Art. 18. — **Composition, emmagasinement et entretien du matériel en temps de paix.**

Le matériel nécessaire au fonctionnement des stations haltes-repas comprend :

1° Le matériel d'exploitation, dont la gestion est confiée au service de l'intendance ;

2° Le matériel d'abreuvage (autre que les seaux en toile) et de latrines, qui fait partie intégrante des stations haltes-repas et est pris en charge par les compagnies de chemins de fer.

La nomenclature du matériel affecté à chaque station halte-repas est insérée à la suite de la présente instruction (voir le tableau, page 145).

Tout le matériel des stations est, à moins d'impossibilité absolue, emmagasiné dans les locaux mêmes des gares affectés à la station halte-repas. Toutefois, l'exécution de cette prescription est subordonnée :

1° A la capacité des locaux exclusivement affectés à la halte-repas ;

2° A la nécessité de ne pas encombrer les locaux où sont installés les percolateurs, afin de ne pas empêcher les essais périodiques que doivent subir ces appareils.

Le matériel d'exploitation est réuni, en tout temps, en collections qui doivent être tenues constamment au complet et en bon état.

Lorsqu'une collection vient à être décomplétée, il est procédé au remplacement des objets qui manquent soit par voie d'achat direct par l'officier d'administration gestionnaire, après autorisation du sous-intendant militaire, soit par un envoi d'une autre place, soit enfin par voie de cession par un autre service de la guerre.

Une étiquette, très apparente, indiquant la nature et le

nombre des objets déposés dans les locaux mêmes des gares affectés à la station halte-repas, est placée dans ces locaux, de manière à permettre, soit aux fonctionnaires de l'intendance, lors des visites semestrielles, soit aux agents des compagnies chargés de la garde du matériel, de procéder à l'inventaire de ces objets.

ART. 19. — Dépenses d'entretien du matériel d'exploitation déposé dans les stations haltes-repas.

L'entretien en temps de paix du matériel d'exploitation déposé dans les stations haltes-repas, ainsi que les réparations jugées nécessaires et les frais de garde quand il y a lieu, sont assurés soit par les gestionnaires des subsistances qui ont le matériel en compte, soit par les compagnies de chemins de fer, à charge de remboursement, selon le mode adopté après accord intervenu entre l'administration militaire et lesdites compagnies.

Les dépenses sont acquittées sur les frais d'exploitation du service des vivres.

Le remboursement de celles faites par les compagnies de chemins de fer a lieu par les soins de l'officier d'administration gestionnaire du service des vivres, désigné par le directeur de l'intendance du corps d'armée (en principe celui du chef-lieu), sur la production de factures avec pièces justificatives, que les compagnies adressent dans le mois qui suit l'exécution des travaux au directeur du service de l'intendance de la région.

ART. 20. — Entretien des percolateurs.

Les percolateurs sont entretenus conformément aux indications d'une instruction spéciale (1).

ART. 21. — Garde et entretien du matériel d'abreuvage et de latrines.

Le matériel d'abreuvage (autre que les seaux en toile) et le matériel de latrines, quand il existe, forment une catégorie spéciale qui demande une surveillance particulière. Il comprend des robinets en cuivre, des tuyaux en toile caoutchoutée pour le remplissage des percolateurs, ainsi que les clefs et crochets pour

______

(1) Voir page 178.

raccords et prises d'eau ; des tinettes mobiles pour latrines, avec bâtons de transport. Ce matériel, qui fait partie des haltes-repas en tant qu'immeuble, est pris en charge par les compagnies de chemins de fer, qui en font assurer la surveillance et l'entretien d'après les règles admises pour les bâtiments desdites haltes-repas. Il est remisé dans les magasins de ces installations.

Par suite, les dépenses d'entretien et de réparation du matériel d'abreuvage et de latrines, de même que celles concernant la réparation des locaux et des prises d'eau, sont remboursées par l'administration de la guerre sur présentation de décomptes transmis par l'intermédiaire de l'administration des travaux publics.

Art. 22. — Visite annuelle.

Tous les ans, dans la première quinzaine d'août, en principe, des visites sont opérées dans les stations haltes-repas : les fonctionnaires de l'intendance s'assurent par eux-mêmes, lors de ces visites, de l'état et du fonctionnement des stations.

Les officiers d'administration affectés, en cas de mobilisation, au service des haltes-repas, sont convoqués aux époques où se font les expériences de fonctionnement. Il en est de même, s'il n'y a aucun inconvénient à le prescrire, pour les ouvriers militaires qui seront chargés des percolateurs, afin qu'ils y soient exercés à l'avance.

Pendant ces visites, les percolateurs subissent une chauffe ordinaire seulement, pour permettre de reconnaître s'ils fonctionnent toujours bien et si le tirage des tuyaux ne laisse pas à désirer. Des chauffes consécutives sont effectuées pendant une durée de douze heures sur les appareils neufs, sur ceux qui ont subi des réparations importantes, ou qui ont été nouvellement installés. Les dépenses qui résultent de ces essais sont supportées, dans les conditions ordinaires, par les frais d'exploitation du service des vivres.

On examine en même temps :

1° Si les appareils ont été bien entretenus ou doivent subir des réparations ;

2° Si le matériel d'exploitation est en bon état et au complet ;

3° Si le matériel d'abreuvage et de latrines confié à la garde des compagnies existe au complet nécessaire et fonctionne convenablement, ainsi que les prises d'eau ;

4° Enfin, si des réparations ou des modifications sont à faire aux locaux occupés.

En ce qui concerne l'eau potable, il est nécessaire, afin d'éviter toute dégradation pendant l'essai du fonctionnement, que l'agent de la compagnie du chemin de fer chargé de l'entretien et de la mise en service de chacune des alimentations soit présent à la visite annuelle. A cet effet, les chefs de gare intéressés sont avisés, au moins quarante-huit heures à l'avance par les sous-intendants militaires chargés de la surveillance des stations haltes-repas, du jour et de l'heure auxquels il sera procédé à la visite annuelle.

Les compagnies de chemins de fer peuvent demander le paiement des dépenses de combustible et d'heures de travail pour leur personnel, qu'entraîneraient les essais de fonctionnement des percolateurs ou de l'alimentation en eau.

Les comptes rendus des visites ont lieu dans la forme indiquée par la circulaire du 16 juin 1906 (voir ci-après, page 185).

SECTION VI.

Art. 23. — Éclairage.

Éclairage intérieur.

L'éclairage intérieur des locaux de la halte-repas, y compris les latrines des officiers et les feuillées de la troupe, est à la charge de l'administration militaire qui fournit les appareils nécessaires.

Ces appareils consistent :

1° En lanternes portatives dont le nombre est fixé par le tableau du matériel, joint à la présente instruction;

2° En lanternes-appliques, du modèle adopté par les services administratifs, dont le nombre varie avec la disposition des lieux.

L'administration militaire fournit aussi les poteaux nécessaires pour fixer les lanternes-appliques aux emplacements convenus et assure la mise en place de ces poteaux.

Éclairage extérieur.

L'éclairage extérieur (bouches d'eau, voies et abords) est à la charge des compagnies de chemins de fer qui fournissent les appareils nécessaires.

En outre, les directions à suivre pour accéder aux différents locaux de la halte-repas et l'emplacement de ces locaux sont indiqués par des transparents ou bien des poteaux avec écriteaux éclairés par des lanternes. Les compagnies de chemins de fer fournissent les lanternes; l'administration militaire fournit les transparents ou poteaux avec écriteaux qui font partie du matériel de la halte-repas.

Les mesures à prendre pour l'éclairage sont déterminées, pour chaque halte-repas, dans une conférence tenue entre la commission de réseau et le fonctionnaire de l'intendance chargé de la surveillance de la halte-repas. Ces mesures sont détaillées dans la consigne de gare et fixent notamment :

Le nombre des lanternes à fournir soit par les compagnies de chemins de fer, soit par l'administration militaire; leur emplacement; le nombre de transparents ou de poteaux pour fixer les lanternes-appliques ou de poteaux avec écriteaux; les inscriptions à porter sur ces transparents ou écriteaux par les soins de l'administration.

Il est tenu compte, s'il y a lieu, des locaux dont l'éclairage est normalement assuré au moyen du gaz.

CHAPITRE II.

FONCTIONNEMENT DES HALTES-REPAS.

SECTION I.

EXÉCUTION GÉNÉRALE DU SERVICE.

Art. 24. — Gestion du service.

L'exécution du service est confiée à l'officier d'administration gérant la halte-repas, lequel a à sa disposition les locaux, les denrées, le matériel et le personnel nécessaires.

Le service est exécuté en gestion directe, comme annexe des

magasins territoriaux de corps d'armée les plus rapprochés des stations-haltes, sous la surveillance du commissaire militaire de la commission de gare, faisant fonctions de suppléant du sous-intendant militaire.

Les magasins dont dépendent les stations haltes-repas sont désignés à l'avance par les généraux gouverneurs militaires ou commandants de corps d'armée, sur la proposition des directeurs du service de l'intendance.

Art. 25. — **Examen et prise en charge des denrées et du matériel.**

À son entrée en fonctions, l'officier d'administration gérant la halte-repas se rend compte de l'état de conservation des denrées, et remplace, soit au moyen de versements de la place principale, soit au moyen d'achats sur place ou de cessions, les denrées qui ne réuniraient plus les conditions nécessaires pour être mises en consommation.

Il s'assure que le matériel d'exploitation est au complet et en bon état et pourvoit, le cas échéant, au remplacement des objets manquants ou inutilisables et aux réparations ou améliorations reconnues nécessaires.

Il prend charge des approvisionnements de denrées et du matériel.

Art. 26. — **Achat du combustible et des menus objets nécessaires à l'exploitation.**

L'officier d'administration gérant s'adresse aux compagnies de chemins de fer pour obtenir d'elles la cession, au prix de revient, contre des bons établis par lui et visés par le commissaire militaire, du combustible de chauffage et d'éclairage et des matières et objets de consommation courante dans les gares, nécessaires pour l'exécution du service de la halte-repas.

À défaut, il se les procure par voie d'achats dans le commerce local.

SECTION II.

DISTRIBUTIONS DES DIFFÉRENTES DENRÉES.

Art. 27. — **Dispositions générales.**

Toutes les distributions, sans exception, sont faites aux hommes dans les wagons, par les soins des parties prenantes.

Les quantités de denrées nécessaires sont préparées à l'avance et transportées vers le milieu du train par le personnel de la halte-repas. A la sonnerie de « la soupe », le fourrier, accompagné du nombre d'hommes de corvée nécessaires (2 par wagon) se porte au lieu où doivent se faire les distributions et reçoit de l'officier d'administration les denrées qui doivent lui être remises. L'officier de jour surveille cette opération.

S'il s'agit de trains de malades et de blessés évacués à l'intérieur, le commandant de l'évacuation prend livraison des denrées préparées, et en fait opérer la distribution dans les wagons par le personnel de l'évacuation ou par le personnel mis à sa disposition par le commissaire militaire de la gare.

Pour les trains de prisonniers de guerre, le commandant de la colonne de prisonniers, après avoir pris livraison des denrées, les fait distribuer aux wagons par le personnel de l'escorte.

Dans tous les cas, le commissaire militaire arrête, sur la proposition de l'officier d'administration gérant, toutes les mesures de détail.

Art. 28. — **Conserves de viande distribuées pendant les transports d'évacuation.**

Les conserves de viande sont généralement distribuées en boîtes fermées (à raison d'une boîte de 300 grammes pour 2 hommes).

Les boîtes de conserves doivent toujours être examinées par le distributeur de façon à s'assurer que l'état extérieur des boîtes ne révèle pas une mauvaise qualité du contenu.

Les boîtes sont ouvertes à l'heure des repas sur l'ordre du chef de wagon, à l'aide de couteaux à conserves.

Les couteaux nécessaires pour ouvrir les boîtes distribuées aux trains d'évacuation sont remis, contre reçu, au commandant de l'évacuation ou au commandant de la colonne des prisonniers.

A cet effet, il est constitué dans les stations haltes-repas une réserve spéciale de couteaux pour boîtes à conserves, indépendante de celle indiquée au tableau du matériel joint à la présente instruction. Cette réserve répond aux besoins que chaque station halte-repas aura à assurer pendant les transports d'évacuation.

A la gare de débarquement, les couteaux seront remis au commissaire militaire ou au chef de gare, qui en assurera le renvoi à la halte-repas qui les aura délivrés, par le premier train se dirigeant sur cette station halte-repas.

Avis de ces dispositions est donné au chef de la troupe, au moment de la délivrance des couteaux.

Art. 29. — Café avec eau-de-vie.

L'eau-de-vie (ou tafia) est mélangée au café, avant le transport du liquide.

Ce transport est effectué par les ouvriers militaires, au moyen des grands bidons dont dispose la station et dont les anses sont garnies de feutre ou de laine pour faciliter ce transport.

40 bidons sont destinés à cette opération.

Le café mélangé est livré par l'officier d'administration gérant de la halte-repas en présence du représentant de la troupe. La répartition aux wagons en est faite par les soins du corps (à raison d'un grand bidon par 40 hommes, soit cinq compartiments à 8 hommes); les fourriers sont chargés, sous la surveillance des officiers de compagnie, de remettre à chaque homme la part qui lui revient, c'est-à-dire exactement la contenance de son quart.

Art. 30. — Eau additionnée d'eau-de-vie.

120 grands bidons sont employés à cet usage pour permettre aux hommes de remplir leurs petits bidons. Ces grands bidons sont remplis à l'avance par les ouvriers militaires de la station halte-repas et sont ensuite groupés par leurs soins sur le quai vers le milieu du train, où la troupe de passage en prend livraison pour en faire opérer la répartition comme pour le café. Ces bidons sont distingués de ceux contenant de l'eau pure au moyen d'une ficelle de couleur nouée à l'anse. La quantité d'eau-de-vie entrant dans chaque grand bidon est de 0^l,25.

Art. 31. — Eau pure.

Les 110 grands bidons disponibles sont remplis d'eau pure et placés sur le quai dans toute la longueur du train, pour permettre aux hommes de se désaltérer pendant l'arrêt.

Les hommes peuvent aussi se procurer de l'eau pure aux robinets des bornes-fontaines établies dans la gare.

En ce qui concerne l'abreuvage des chevaux, des baquets ou tonneaux en nombre voulu sont achetés sur place au moment de la mobilisation par les soins des chefs de gare des stations haltes-repas, et disposés le long de la voie de garage. Leur emplissage est effectué au moyen de tuyaux de toile caoutchoutée, reliés aux bouches d'eau. Les cavaliers abreuvent leurs chevaux au moyen de seaux en toile dont chaque station est pourvue.

Des bordelaises coupées par le milieu, ou des barils à lard préalablement nettoyés, en nombre suffisant, sont placés dans le voisinage des bornes-fontaines, pour servir aux ablutions des hommes. La disposition de ces récipients ne doit gêner en rien le service de l'alimentation en eau potable.

Ces divers récipients peuvent être munis d'anses en corde, à adapter au moment du besoin, si l'on en reconnaît la nécessité.

Art. 32. — Pain.

Le pain, distribué dans les cas visés à l'article 5, est pris en livraison par la troupe de passage et réparti entre les hommes, conformément aux indications de l'article 27.

Art. 33. — Fourrages. Abreuvage et nourriture des chevaux.

Dès l'arrivée du train, tous les hommes dans les corps de troupe à cheval et ceux désignés dans les corps de troupe à pied se forment en bataille devant leurs wagons.

Ils sont ensuite conduits aux wagons à chevaux et distribuent aux animaux l'eau et le fourrage.

Les seaux en toile de la halte-repas, destinés à l'abreuvage, doivent être exclusivement affectés à cet usage; on doit éviter de les poser à terre quand ils sont mouillés, pour ne point salir l'eau des réservoirs.

Les distributions aux chevaux étant terminées et les gardes d'écurie relevés, les hommes remontent dans les wagons où le fourrier leur fait la distribution des vivres; ils peuvent ensuite redescendre sur les quais. Les vivres des gardes d'écurie leur sont portés dans les wagons à chevaux.

Art. 34. — Police des distributions.

Les gradés assurent le bon ordre pendant les repas et pendant les distributions, sous l'autorité du commissaire militaire de la gare.

Le commandant de la troupe assure, sous sa responsabilité, la restitution, à l'officier d'administration de la halte-repas, des récipients dans lesquels les denrées lui ont été délivrées.

Art. 35. — **Carnets de bons de distribution.**

Chaque station halte-repas est pourvue de deux carnets à souche spéciaux, avec formules de bons de distributions destinées à l'inscription à faire, avant le départ du train, par le commandant de la troupe de passage, l'officier d'approvisionnement, le chef de détachement ou le chef de train, selon le cas, du nombre des repas et autres denrées distribuées, savoir :

1º Carnet des bons de fournitures imputables sur revues (modèle D);

2º Carnet des bons de fournitures faites à titre remboursable (modèle E).

En outre, les stations haltes-repas désignées pour participer à l'alimentation des malades et des blessés pendant les transports d'évacuation reçoivent un carnet de bons de fournitures faites à titre de cession au service de santé (modèle J).

Le personnel d'ouvriers militaires de la halte-repas ayant droit aux rations de repas, l'officier d'administration gérant inscrit lui-même au carnet (modèle D) les quantités délivrées à ce personnel.

Les carnets tiennent aussi lieu de registre de distribution et les quantités que comprennent les bons sont totalisées chaque jour et reportées au livret d'enregistrement (modèle C).

Il n'est délivré de denrées à titre remboursable que contre versement de leur valeur entre les mains de l'officier d'administration gérant, qui en donne reçu à la partie prenante sur le talon à détacher **du bon.**

Dans le cas où le corps ne peut effectuer le paiement immédiat des denrées distribuées à ce titre, le commissaire de gare autorise qu'il soit passé outre; mention en est faite au talon, lequel reste alors à la souche.

Ce remboursement est poursuivi ultérieurement dans la forme prévue pour la comptabilité du service des subsistances en campagne.

SECTION III.

Art. 36. — **Préparation du café.**

Un percolateur de 250 litres et deux percolateurs de 125 litres sont installés dans chaque station halte-repas et permettent de suffire à tous les besoins du service.

Une instruction spéciale (1) indique, en tous détails, l'emploi de ces appareils et le mode de préparation du café.

CHAPITRE III.

COMPTABILITÉ DES HALTES-REPAS.

SECTION I.

DISPOSITIONS GÉNÉRALES.

ART. 37. — Mode de comptabilité. Imprimés.

Les attributions et obligations des officiers d'administration chargés de l'exécution du service aux stations-haltes sont, sous le rapport gestionnaire et sous celui de la comptabilité, celles des gérants d'annexe vis-à-vis des gestionnaires des places principales, définies par le règlement sur le service des subsistances, sauf les modifications ci-après que commandent la nature toute spéciale des opérations et la nécessité de simplifier les écritures.

Une réserve de documents et imprimés à utiliser à la mobilisation est emmagasinée, dès le temps de paix, avec le matériel.

ART. 38. — Suscription des pièces.

Toutes les pièces (deniers, matières et mobilier) portent en suscription : *Alimentation des troupes pendant les transports en chemins de fer.*

ART. 49. — Cas où une infirmerie et une halte-repas fonctionnent dans la même gare.

Quand il existe, à la mobilisation, dans la station-halte, une infirmerie de gare, le service de santé supporte toutes les dépenses qu'entraîne le fonctionnement de l'infirmerie.

ART. 40. — Régularisation des fournitures.

a) Transports de concentration.

Les rations de café chaud distribuées aux haltes-repas sont imputables sur revues comme les allocations ordinaires de vivres et de chauffage.

---

(1) Voir page 178.

Ces rations remplacent, concurremment avec les quantités de pain et de conserves de viande assaisonnées, distribuées aux hommes avant l'embarquement, les allocations de vivres (pain, viande, sucre et café) et celles de chauffage dues pour la journée de perception.

Dans le cas où l'administration militaire ne pourrait pas assurer les distributions qui lui incombent, les troupes auraient droit au remboursement, pour le compte des ordinaires, de la somme représentative des prestations de vivres de campagne et liquides et de celles de chauffage.

L'eau-de-vie est distribuée à titre gratuit.

b) Transports d'évacuation.

1° *Trains de malades et de blessés.* — Les repas délivrés par les stations haltes-repas aux trains d'évacuation de malades et de blessés (Français ou prisonniers de guerre) sont distribués à titre de cession au service de santé. (Art. 12 du règlement du 9 septembre 1888 sur la comptabilité-matières.)

2° *Trains de prisonniers de guerre.* — Les distributions aux prisonniers de guerre et aux détachements d'escorte de ces prisonniers sont faites à titre gratuit et imputées sur revues.

c) Fournitures remboursables.

Pour les fournitures remboursables dont la valeur a été remise par les corps, on se conforme aux dispositions de l'instruction sur le service des subsistances en temps de paix.

d) Distributions aux agents des compagnies de chemins de fer.

Le remboursement des denrées distribuées comme il est prévu à l'article 6, et la régularisation dans les comptes sont effectués, aux prix fixés par le Ministre, comme il est indiqué à l'instruction spéciale sur l'alimentation des agents des compagnies de chemins de fer dans certaines gares (1).

SECTION II.

COMPTABILITÉ-DENIERS.

ART. 41. — Avances de fonds. Dépenses.

Les recettes comprennent les fonds remis par le gestionnaire de la place principale au moyen d'avances spéciales ordonnancées

---

(1) Voir page 263.

au nom de celui-ci, ainsi que les sommes versées par les corps pour fournitures remboursables.

Lorsque, par suite de l'éloignement des haltes-repas, les fonds ne peuvent être remis par l'officier d'administration gestionnaire de la place principale, il est adressé dès le début de la mobilisation, à l'officier d'administration gérant de la halte-repas, un mandat d'avance payable sur son acquit, accompagné d'une procuration dudit gestionnaire.

L'officier d'administration intéressé en touche le montant à la caisse de l'agent des finances du lieu de la station ou à celle de la localité la plus à proximité, suivant les indications portées sur le titre de paiement.

Les dépenses comprennent l'achat des matières, menus objets mobiliers, pain destiné à l'alimentation du détachement d'ouvriers (art. 13) et les frais de réparation du matériel s'il y a lieu.

Art. 42. — Carnet de caisse.

Le gérant d'annexe tient un carnet de caisse (modèle H).

Art. 43. — Justifications des dépenses.

Les justifications à fournir sont :

Quittances ou factures extraites du carnet à souche n° 416 *bis* de la nomenclature, pour toutes dépenses autres que celles des journées;

Ordres ou autorisations de dépenses;

Relevé récapitulatif n° 380 de la nomenclature, en double expédition, accompagné des pièces justificatives extraites du carnet n° 416 *bis*.

Toutes ces pièces sont établies mensuellement ou en fin d'opérations.

Art. 44. — Ordonnancements.

Les fournitures par marchés et par cessions donnant lieu à paiement immédiat sont ordonnancées par mandat du fonctionnaire de l'intendance de la place principale, sur la production des récépissés comptables.

SECTION III.

COMPTABILITÉ-MATIÈRES.

ART. 45. — **Denrées et matières.**

Les denrées et matières sont classées comme il suit :

    Sucre ;
    Café torréfié ;
    Eau-de-vie ;
    Conserves de viande assaisonnées ;
    Pain ;
    Combustible ;
    Récipients.

Les mouvements d'entrées et de sorties concernant ces denrées ou matières sont inscrits sur le livret d'entrées et de sorties de matières (modèle C).

Un extrait de ce livret est établi trimestriellement dans la forme du relevé récapitulatif (modèle B) et adressé à l'officier d'administration gestionnaire dont la station halte-repas dépend.

Les opérations de transformation du café torréfié en café moulu et en café liquide sucré ne donnent pas lieu à écritures.

ART. 46. — **Mobilier.**

Le mobilier donne lieu à la tenue d'un livret (modèle G), présentant les mouvements d'entrées et de sorties. Comme pour les denrées, un extrait de ce livret (modèle F) est établi trimestriellement pour être adressé à l'officier d'administration gestionnaire.

L'achat des objets mobiliers qui viennent à faire défaut est effectué par les soins de l'officier d'administration gérant la station, après autorisation du commissaire militaire, à moins qu'il ne s'agisse de fournitures donnant lieu à la passation de marchés.

CHAPITRE IV.

CESSATION DU SERVICE DES HALTES-REPAS.

ART. 47. — **Destination à donner au personnel et au matériel.**

Le Ministre, dans la zone de l'intérieur, le général commandant en chef, dans la zone des armées, ordonnent, suivant le cas, la cessation du service ou les déplacements d'installation qu'exigent les circonstances.

Ils assignent, quand il y a lieu, une destination aux approvisionnements, au personnel et au matériel devenus disponibles; les denrées et le matériel sont généralement réintégrés dans les magasins territoriaux.

ART. 48. — Arrêté des comptes.

A la cessation du service, l'officier d'administration gérant arrête les livres et pièces de comptabilité où les inscriptions sont journalières, tels que : carnet de caisse, livret d'entrées et de sorties, etc.

Il établit les relevés récapitulatifs (modèle B pour les denrées et matières, et modèle F pour le mobilier), ainsi que les pièces qui ne peuvent être dressées qu'en fin d'opérations.

Il soumet le tout à la vérification et au visa du commissaire militaire faisant fonctions de sous-intendant militaire, et le transmet au gestionnaire du magasin duquel il relève, avec les pièces justificatives, autorisations, correspondance, etc., qui s'y rattachent.

Cette transmission a lieu dans les dix jours qui suivent la cessation du service.

Après examen, le gestionnaire passe écritures, d'une manière distincte, dans la forme réglementaire, des opérations auxquelles a donné lieu le service d'alimentation.

ART. 49. — Documents abrogés.

Toutes les dispositions antérieures à la présente instruction sont abrogées.

Le Ministre de la guerre,
Général L. ANDRÉ.

TABLEAUX

Tableau indiquant la composition : 1° du personnel d'une commission de gare de station halte-repas (extrait du tableau A de l'instruction ministérielle sur les commissions de gare); 2° du personnel du service de l'intendance affecté aux haltes-repas (1).

DÉSIGNATION DES GRADES OU EMPLOIS.	EFFECTIF.	OBSERVATIONS.
1° Commission de gare.		
Officier supérieur, commissaire militaire...................	1	
Officier supérieur ou subalterne adjoint...................	1	
Commissaire technique...........	1	
Secrétaire du commissaire militaire	1	Fournis par un corps de troupe désigné à cet effet.
Plantons.......................	2	
2° Personnel du service de l'intendance.		
Officiers d'administration du service des subsistances (a)...........	2	(1) De l'armée active ou de la réserve.
Adjudant d'administration du cadre auxiliaire..................	1	(2) Les hommes des services auxiliaires doivent, autant que possible, être répartis comme suit, sous le rapport professionnel :
Détachement d'ouvriers militaires. { Section active (1). { Sergent...	1	Commis aux écritures.... 3 p. 100
Caporal...	1	Cuisiniers et garçons de café.................. 38 —
Section territoriale. { Sergents.. Caporaux.		Tonneliers et ouvriers en bois..................... 19 —
Hommes des services auxiliaires (2)...............	(b)	Serruriers, fumistes et ferblantiers.............. 5 —
		Ouvriers de professions diverses.................. 35 —
		TOTAL..... 100

NOTA. — Un poste de police sera fourni soit pour toute la durée du fonctionnement de la commission, par l'autorité territoriale, soit par les troupes de passage, pendant la durée de leur présence dans la gare. (Instruction sur les commissions de gare.)

(a) Les fonctions de gérant de la station halte-repas sont remplies par l'officier d'administration le plus élevé en grade ou le plus ancien de grade.

(b) Nombre à déterminer par le général commandant le corps d'armée en tenant compte, pour les professions, de la proportion indiquée au renvoi (2).

(1) Articles 9 et 10 de l'instruction.

TABLEAU DU MATÉRIEL

ATTRIBUÉ AUX STATIONS HALTES-REPAS (1).

NOTA. — Voir pour la classification et les prix la nomenclature du matériel du service des subsistances militaires.

-----

(1) Article 18 de l'instruction.

DÉSIGNATION DES OBJETS.	NOM- BRE.	OBSERVATIONS et AFFECTATION DU MATÉRIEL. Les affectations qui suivent sont destinées à servir de guide et non d'indications absolues.
Armoire avec rayons, grande, en chêne à double battant....................	1	Magasin.
Bac à charbon grand................	1	Service des percolateurs.
Balance { Portée de 10 kilogrammes.	1	Magasin.
à pied. { Portée de 1 kilogramme...	1	
Baquet cerclé en fer, petit..........	2	Service des percolateurs.
Blouse en toile sans collet..........	(A)	Pour les ouvriers d'administration. (A) Nombre égal à l'effectif du détachement.
Burette à huile à brûler de 2 litres...	1	Service général.
Cantine de comptabilité à comparti-ments.....................	1	Magasin.
Ciseaux à lampe.................	2	Service général.
Couteau { à sucre..................	2	Service des percolateurs.
{ à conserves..................	10	Service général.
Cuvier en sapin, cerclé en fer, de 1 mètre de diamètre..................	1	Id.
Escabeau en sapin de 1m,76 de hau-teur ayant huit marches..........	1	Magasin.
Grand bidon......................	270	Pour l'eau des hommes et pour distribuer le café et l'eau-de-vie.
Hache...........................	1	Service des percolateurs.
Hachette.........................	1	
Lan- { applique avec accessoires dite cosmos.............	(B)	Service général. (B) Nombre à dé-terminer d'après l'état des lieux.
terne { portative avec lampe ou bougie..................	3	
Maillet ordinaire pour casser le sucre.	2	Service des percolateurs.
Marteau ordinaire grand............	1	
Merlin emmanché..................	1	Service général.
Mesure { de 2 litres..............	2	
en { de 1 litre.................	2	Magasin.
fer-blanc { d'un 1/16 de litre........	6	
Moulin à café grand (modèle des sub-sistances)......................	2	Service des percolateurs.
Pantalon de toile.................	(C)	Pour les ouvriers d'administration. (C) Nombre égal à l'effectif du détachement.
Pelle à charbon avec manche à poi-gnée...........................	1	Service des percolateurs.
Poids en cuivre, série de 1 kilogr. à 1 gramme dans une boîte..........	1	Percolateurs et magasins.

DÉSIGNATION DES OBJETS.	NOM- BRE.	OBSERVATIONS et AFFECTATION DU MATÉRIEL. — Les affectations qui suivent sont destinées à servir de guide et non d'indications absolues.
Poids en fonte { de 10 kilogrammes.......	1	Percolateurs et magasins.
{ de 5 —	1	
{ de 2 —	1	
{ de 1 —	1	
Poteau pour fixer les lanternes-appliques et poteau avec écriteau ou transparent....................	(D)	(D) Eclairage extérieur. Le nombre varie avec la disposition des lieux.
Récipient en tôle étamée avec couvercle.......... { de 75 litres......	2	Pour la réserve de café chaud, ces récipients sont enveloppés au moment du besoin au moyen de couvertures hors de service.
{ de 30 litres......	2	
Seau en toile pour l'abreuvage des chevaux.....................	120	Pour les chevaux.
Scie à bûches montée............	1	Service des percolateurs.
Table { de bureau { moyenne en chêne poli de 1m,40...	1	Bureau de la commission et de l'officier d'administration.
{ { petite de 1 mètre.	1	Magasin.
{ de cuisine en hêtre........	1	Percolateurs et magasin.
Tenaille.................	1	Eventuellement. (Voir art. 14 de l'instruction.)
Tente-baraque ou tente à distribution.	»	
Torchon....................	60	Percolateurs et magasin.
Matériel d'emballage.................	»	Variable selon les besoins.
Banc pour 5 hommes.................	2	Pour les commis aux écritures.
Table pour 10 hommes	1	
Chaise en frêne verni, foncée en paille ordinaire.......................	8	Bureaux du commissaire militaire et de l'officier d'administration gérant.

Matériel fixe.

DÉSIGNATION DES OBJETS.	NOMBRE.	OBSERVATIONS et AFFECTATION DU MATÉRIEL.
Percolateur { de 250 litres...............	1	
{ de 125 litres...............	2	En outre, dans quelques haltes-repas seulement munies de percolateurs du modèle 1879, il doit être entretenu comme rechange :
Objets de rechange de percolateur. { Tube de niveau n° 1......	6	Barreau de grilles { n° 1-10 de foyer pour appareil........ { n° 2- 8
{ — n° 2......	6	
{ Rondelle en caoutchouc ...	6	Ces objets sont considérés comme objets isolés.
Balles ou sacs hors de service........	15	Pour le nettoyage des appareils et ustensiles.

MODÈLES

MINISTÈRE
DE LA GUERRE.
—
SERVICE
DES SUBSISTANCES
MILITAIRES.
—
Mois d

Art. 13
de l'instruction du
18 août 1902.

MODÈLE A.

(1) Nom, prénoms et grade.

NOTA. Cette feuille est ouverte le premier jour de l'entrée en service et tient lieu de registre-contrôle des ouvriers.

ALIMENTATION DES TROUPES
PENDANT LES
TRANSPORTS EN CHEMINS DE FER.

—

CORPS D'ARMÉE.

—

STATION HALTE-REPAS d

—

ANNEXE d

—

M. (1)

Gérant l'annexe.

—

FEUILLE DE JOURNÉES
de présence du personnel de la station halte sus-indiquée.

Numéros matricules pour les ouvriers d'administration.	NOMS et PRÉNOMS.	GRADES et EMPLOIS.	JOURS OU NUITS DE PRÉSENCE.		TOTAUX	OBSERVATIONS.

VU ET VÉRIFIÉ :

A . le 19 .

Le Commissaire militaire faisant fonctions de Sous-Intendant militaire,

CERTIFIÉE véritable, par le gérant de l'annexe, la présente feuille de journées.

Station-halte de . le 19 .

L

MINISTÈRE
DE LA GUERRE.

SERVICE
DES SUBSISTANCES
MILITAIRES.

Vivres.

TRIMESTRE 19

ALIMENTATION DES TROUPES

PENDANT LES

TRANSPORTS EN CHEMINS DE FER.

Art. 46
de l'instruction du
18 août 1902.

MODÈLE B.

(1) Nom, prénoms et grade.

NOTA. — Il est établi un relevé semblable pour le service des fourrages, s'il y a lieu.

CORPS D'ARMÉE.

STATION HALTE-REPAS d

ANNEXE d

M. (1)

Gérant l'annexe.

RELEVÉ RÉCAPITULATIF

des entrées et sorties de denrées ou matières du service des vivres
du   au   19

CATÉGORIES D'ENTRÉES et de sorties.	SUCRE et CAFÉ TORRÉFIÉ.			EAU-DE-VIE.			CONSERVES DE VIANDE assaisonnées.			PAIN.			COMBUSTIBLE (en quantité métrique).			RÉCIPIENTS (au nombre).				INDICATION des pièces justificatives et causes sommaires des mouvements.
	Rations à 10 grammes.	Quantités métriques Sucre.	Café.	Rations 0 lit. 25.	0 lit. 03125.	Quantités métriques.	Rations à 250 grammes	à 125 grammes	Quantités métriques.	Rations à 750 grammes.	à 375 grammes.	Quantités métriques.	Charbon de terre.	Bois.	Huile d'éclairage.	Sacs.	Caisses.	Fûts.	Sachets de papier.	
ENTRÉES. —																				
TOTAUX des entrées........																				
SORTIES. —																				
TOTAUX des sorties........ Report des entrées........																				
RESTANTS (1) à la date du																				

(1) Ces restants doivent être les mêmes que ceux ressortant au livret d'enregistrement des entrées et sorties.

VU ET VÉRIFIÉ :

A   , le   19

Le Commissaire militaire faisant fonctions de Sous-Intendant militaire.

CERTIFIÉ **véritable** par le gérant de l'annexe.

Station-halte de   , le   19

L

MINISTÈRE
DE LA GUERRE.

—

SERVICE
DES SUBSISTANCES
MILITAIRES.

ALIMENTATION DES TROUPES

PENDANT LES

TRANSPORTS EN CHEMINS DE FER.

Art. 36 et 46
de l'instruction du
18 août 1902.

—

MODÈLE C.

(1) Nom, prénom et grade.

NOTA. Le présent livret tient, en même temps, lieu de registre de distributions et du livre de transformations; il sert pour les vivres et pour les fourrages.

ᵉ CORPS D'ARMÉE.

STATION HALTE-REPAS d

ANNEXE d

M. (1)

Gérant l'annexe.

LIVRET

d'enregistrement journalier des denrées et matières reçues et sorties, à divers titres dans la station-halte susindiquée.

ENTRÉES.

DATES DES ENTRÉES.	DÉTAIL des ENTRÉES.	DENRÉES ET MATIÈRES EN QUANTITÉS MÉTRIQUES.								RÉCIPIENTS (AU NOMBRE).				POUR MÉMOIRE. — Nombre de rations de pain de 750 g.	OBSERVATIONS.
		Sucre.	Café torréfié.	Eau-de-vie.	Conserves de viande assaisonnées.	Pain.	Charbon.	Bois.	Huile d'éclairage.	Sacs.	Caisses.	Fûts.	Sachets de papier.		
	Totaux généraux des entrées.... Report des sorties.....														
	Restants en magasin à la date du.														

VU ET VÉRIFIÉ :

A , le 19 .

Le Commissaire militaire faisant fonctions de Sous-Intendant militaire,

SORTIES.

DATES DES SORTIES	DÉTAIL des SORTIES.	SUCRE et café torréfié.			EAU-DE-VIE			Conserves de viande assaisonnées.			PAIN.			COMBUSTIBLES en quantités métr.			RÉCIPIENTS (au nombre)				OBSERVATIONS.
		Ration de 10 gr.	Quantité métrique Sucre.	Café.	0 lit. 25 c. Rations.	0,03125.	Quantités métriques.	0 kil. 250 gr. Rations.	0 kil. 125 gr.	Quantités métriques.	750 gr. Rations.	375 gr.	Quantités métriques.	Charbon de terre.	Bois.	Huile d'éclairage.	Sacs.	Caisses.	Fûts.	Sachets de papier.	
Totaux généraux des sorties........																					

Certifié véritable par le gérant de l'annexe.

Station-halte de   , le   19

<table>
<tr><td>

MINISTÈRE
DE LA GUERRE.

SERVICE
DES SUBSISTANCES
MILITAIRES.

° TRIMESTRE 19

</td><td>

ALIMENTATION DES TROUPES

PENDANT LES

TRANSPORTS EN CHEMINS DE FER.

</td><td>

Art. 36
de l'instruction du
18 août 1902.

MODÈLE D.

(1) Nom, prénoms et
grade.

</td></tr>
</table>

· CORPS D'ARMÉE.

STATION HALTE-REPAS d

ANNEXE d

M. (1)

Gérant l'annexe.

FOURNITURES IMPUTABLES SUR REVUES.

CARNET DES BONS

de distribution d'aliments et de denrées délivrés par la station halte-repas.

NOTA. — Le présent carnet tient lieu également de registre de distribution. Les quantités d'aliments ou de denrées que représentent les bons sont totalisées chaque jour et reportées au livret d'enregistrement modèle C.

N° (1) Régiment, comp., batterie. Armée d ___ CORPS D'ARMÉE. division. brigade d ___ Partie (1) pronante M. (2) ___ Désignation des denrées.	NOMBRE de repas ou de rations de café chaud.	Pain (rations).	N° Armée d , corps d'armée, division, brigade d ___ Partie pronante.. {(1) M. (2)

Repas.....................
Pain.......................
Rations de café chaud.....

Le   19   .

DÉSIGNATION DES DENRÉES. — QUANTITÉS DISTRIBUÉES (en CHIFFRES | EN TOUTES LETTRES).

Repas...........
Pain.........
Rations de café chaud.........

Station-halte d   , le   19   .

L (2)

(1) Régiment, escadron, batterie, etc., etc.
(2) Officier d'approvisionnement, capitaine commandant, chef de détachement.

TOTAUX........
Report..........

A reporter ....

MINISTÈRE
DE LA GUERRE.

SERVICE
DES SUBSISTANCES
MILITAIRES.

° TRIMESTRE 19

ALIMENTATION DES TROUPES
PENDANT LES
TRANSPORTS EN CHEMINS DE FER.

· CORPS D'ARMÉE.

STATION HALTE-REPAS d'

ANNEXE d

M. (1)

Gérant l'annexe.

FOURNITURES REMBOURSABLES.

Art. 6 et 36
de l'instruction du
18 août 1902.

MODÈLE E.

(1) Nom, prénoms et
grade.

CARNET DES BONS

*de fournitures faites à titre remboursable par la station
halte-repas.*

NOTA. — Le présent carnet tient lieu également de registre de distribution
Les quantités de denrées que comprennent les bons sont totalisées chaque
jour et reportées au livret d'enregistrement modèle G.

N°

ARMÉE d

• Corps d'armée.

• Division.

• Brigade d

Partie {(1)
prenante{ M.

DÉSIGNATION des denrées.

	Quantités distribuées.			Montant des sommes versées.			
Conserves de viande à	Rations de pain à	Rations de café chaud à	Repas à	Conserves de viande à	Rations de pain à	Rations de café chaud à	Repas à

Conserves de viande assaisonnées..........
Rations de pain..
Rations de café chaud..........
Repas..........

Le   19 .

TOTAUX.....
REPORT.....

A reporter.....

N°

ARMÉE D   • CORPS D'ARMÉE.

• DIVISION.   BRIGADE D

Partie prenante {(1)
{ M.   (2)

Dé...nation des denrées.	QUANTITÉS distribuées.		Prix.	Décompte.
	En chiffres.	En toutes lettres.		
Conserves de viande assaisonnées.				
Rations de pain......				
Rations de café chaud.				
Repas......				
TOTAL..........				

Arrêté à la somme de (3)

Station-halte d   , le   19 .

L (2)

(1) Régiment, escadron, batterie, etc.
— (2) Officier d'approvisionnement, capitaine commandant, chef de détachement. —
(3) En toutes lettres.

N°

ARMÉE D

SERVICE des subsistances.

Reçu la somme de

pour vivres remboursables perçus le
et compris sur le bon partiel, enregistré sous le n°

Station-halte de

Le   19 .

L'officier d'administration gérant de l'annexe

MINISTÈRE
DE LA GUERRE
—

SERVICE
DES SUBSISTANCES
MILITAIRES.
—

• Trimestre 19 .

Nombre de pièces à
l'appui :
Entrées.....
Sorties......
TOTAL..

ALIMENTATION DES TROUPES

PENDANT LES

TRANSPORTS EN CHEMINS DE FER.

• **CORPS D'ARMÉE.**

Art. 47
de l'instruction du
18 août 1902.

MODÈLE F.

(1) Place principale
de laquelle relève la
station halte-repas.
(2) Nom, prénoms et
grade.

STATION HALTE-REPAS d

ANNEXE d (1)

M. (2) .

Gérant l'annexe.

RELEVÉ RÉCAPITULATIF

des entrées et sorties d'objets mobiliers du service des vivres

du   au   19 .

NUMÉROS de la classification		DÉSIGNA-TION des OBJETS.	ENTRÉES.			SORTIES.			RESTANTS AU 19 par unité détaillée.	OBSERVA-TIONS.
sommaire.	détaillée.		NUMÉROS d'enregis-trement.	QUANTITÉS par opération.	TOTAL par unité détaillée.	NUMÉROS d'enregis-trement.	QUANTITÉS par opération.	TOTAL par unité détaillée.		
		Totaux								

Certifié véritable par le gérant de l'annexe.

Station-halle de , le 19 .

L (1)

Vu et vérifié :

Λ , le 19

Le Commissaire militaire,
faisant fonctions de Sous-Intendant militaire,

(1) Qualité *ou* grade du gérant de l'annexe.

MINISTÈRE
DE LA GUERRE.

SERVICE
DES SUBSISTANCES
MILITAIRES.

ALIMENTATION DES TROUPES

PENDANT LES

TRANSPORTS EN CHEMINS DE FER.

Art. 47
de l'instruction du
18 août 1902.

MODÈLE G.

(1) Place principale
dont relève la station
halte-repas.
(2) Nom, prénoms et
grade.

CORPS D'ARMÉE.

STATION HALTE-REPAS d

ANNEXE d (1)

M. (2)

Gérant l'annexe.

LIVRET

d'enregistrement journalier des objets mobiliers reçus et sortis
à divers titres dans la station susindiquée.

Le présent livret, contenant   pages, a été coté et parafé
par nous,   Intendant   militaire employé à

A   , le   19   .

Modèle G.

DATES.	NUMÉROS D'ordre d'enregistrement.	MOTIFS SOMMAIRES des MOUVEMENTS..	DÉSIGNATION DES COLLECTIONS COMPLÈTES DANS																ET DES OBJETS ISOLÉS, AVEC LEURS NUMÉROS D'ORDRE LA CLASSIFICATION.																				OBSERVATIONS.
			Entrées.	Sorties.	Entrées.	Sorties.	Entrées.	Sorties.	Entrées.	Sorties.	Entrées.	Sorties.	Entrées.	Sorties.	Entrées.	Sorties.	Entrées.	Sorties.	Entrées.	Sorties.	Entrées.	Sorties.	Entrées.	Sorties.	Entrées.	Sorties.	Entrées.	Sorties.	Entrées.	Sorties.	Entrées.	Sorties.	Entrées.	Sorties.	Entrées.	Sorties.	Entrées.	Sorties.	
		TOTAL......																																						

N. B. — À la cessation du service ou en fin de trimestre, le livret est arrêté comme il suit :

TOTAUX GÉNÉRAUX des entrées et des sorties....

Report des sorties

Restants en magasin au (1) .

CERTIFIÉ véritable par le Gérant de l'annexe, etc.
A   , le   19   .

Vu et vérifié ;
A   , le   19   .

Le Commissaire militaire, etc.,

MINISTÈRE

DE LA GUERRE.

—

SERVICE

DES SUBSISTANCES
MILITAIRES.

ALIMENTATION DES TROUPES

PENDANT LES

TRANSPORTS EN CHEMINS DE FER.

Art. 43
de l'instruction du
18 août 1902

MODÈLE H.

(1) Place principale
de laquelle relève la
station halte-repas.
(2) Nom, prénoms et
grade.

° CORPS D'ARMÉE.

STATION HALTE-REPAS d

ANNEXE d (1)

M. (2)

Gérant l'annexe.

CARNET DE CAISSE.

Le présent livret, contenant   pages, a été coté et parafé par nous,   Intendant   militaire employé à

A   , le   19   .

NOTA. — A la cessation de service ou en fin de trimestre, le carnet est arrêté comme il suit :

	RECETTES.	DÉPENSES.
TOTAUX......................		
REPORT des dépenses........		....
RESTE en caisse au 19 ...		....

VU ET VÉRIFIÉ :   CERTIFIÉ VÉRITABLE par le gérant, etc.

A   le   , 19   .   A   , le   191   .
Le Commissaire militaire, etc.   L

DATES.	NUMÉROS D'ENREGISTREMENT.	DÉTAIL ET CAUSES DES OPÉRATIONS.	RECETTES.	DÉPENSES.

MINISTÈRE
DE LA GUERRE.

—

SERVICE
DES SUBSISTANCES
MILITAIRES.

• TRIMESTRE 19 •

ALIMENTATION DES TROUPES

PENDANT LES

TRANSPORTS EN CHEMINS DE FER.

Art. 41
de l'instruction du
18 août 1902.

—

MODÈLE J.

(1) Nom, prénoms
grade.

ᵉ CORPS D'ARMÉE

STATION HALTE-REPAS d

ANNEXE d

M. (1)

Gérant l'annexe.

FOURNITURES PAR CESSION A D'AUTRES SERVICES

CARNET DES BONS

*de fournitures faites à titre de cession par la station
halte-repas.*

NOTA. — Le présent cahier tient lieu également de registre à distribution.
Les quantités de denrées que comprennent les bons sont totalisées chaque jour et reportées au livret d'enregistrement modèle C.

N° ⌐	
ARMÉE DE	• CORPS D'ARMÉE.

N° DU TRAIN D'ÉVACUATION :

Nom et grade
du commandant de {
l'évacuation.

DÉSIGNATION DES FOURNITURES.	QUANTITÉS DISTRIBUÉES.
Repas administratif......	
Pain...................	

Le

N° ⌐	
ARMÉE DE	• CORPS D'ARMÉE.

N° DU TRAIN D'ÉVACUATION :

Nom et grade
du commandant de {
l'évacuation.

DÉSIGNATION des FOURNITURES.	QUANTITÉS DISTRIBUÉES	
	en chiffres.	en toutes lettres.
Repas adminis- tratif.........		
Pain...........		

Station halte-repas de   le

L (1)

(1) Officier d'administration attaché au train, ou médecin chef de l'évacuation ou commissaire militaire de la gare.

TABLE DES MATIÈRES

TITRE Ier.

ALIMENTATION PENDANT LES TRANSPORTS EN CHEMINS DE FER.

CHAPITRE Ier.

CHAPITRE II.

TEMPS DE GUERRE.

SECTION I.

TRANSPORTS DE MOBILISATION.

SECTION II.

TRANSPORTS DE CONCENTRATION.

SECTION III

TRANSPORTS DE RAVITAILLEMENT ET D'ÉVACUATION.

SECTION IV.

SECTION V.

CHAPITRE III.

TEMPS DE PAIX.

TITRE II.

ORGANISATION ET FONCTIONNEMENT DES HALTES-REPAS.

CHAPITRE Ier.

ORGANISATION DES STATIONS HALTES-REPAS.

SECTION I.

DISPOSITIONS GÉNÉRALES.

SECTION II.

PERSONNEL.

SECTION III.

SECTION IV.

APPROVISIONNEMENTS DE DENRÉES.

SECTION V.

MATÉRIEL.

SECTION VI.

CHAPITRE II.

FONCTIONNEMENT DES HALTES-REPAS.

SECTION I.

EXÉCUTION GÉNÉRALE DU SERVICE.

SECTION II.

DISTRIBUTION DES DIFFÉRENTES DENRÉES.

SECTION III.

CHAPITRE III.

COMPTABILITÉ DES HALTES-REPAS.

SECTION I.

DISPOSITIONS GÉNÉRALES.

SECTION II.

COMPTABILITÉ-DENIERS.

SECTION III.

COMPTABILITÉ-MATIÈRES.

CHAPITRE IV.

CESSATION DU SERVICE DES HALTES-REPAS.

TABLEAUX.

MODÈLES.

Circulaire relative au matériel destiné à l'emballage, en cas d'expédition, des objets composant les collections complètes affectées aux stations haltes-repas.

(Direction de l'Intendance.)

Paris, le 18 août 1902.

1º Les objets et matériaux destinés à servir d'emballage, le cas échéant, aux collections affectées aux stations haltes-repas, sont comptés pour leurs quantités réelles et pour leur valeur, en dehors des dites collections, d'après les prix suivants, savoir :

Boîte d'emballage moyenne....	» 80	l'une.
Caisse d'emballage (à claire-voie	1 20	} le mètre carré.
en bois blanc (pleine......	2 »	
Toile d'emballage.............	» 40	
Corde —	1 60	
Foin —	» 08	
Paille —	» 06	} le kilogramme.
Papier —	» 80	
Plombs —	1 »	
Pointes —	» 80	

Les objets et matériaux existant déjà dans les stations haltes-repas doivent y être conservés, en prévision d'un déplacement des collections.

Toutefois, quelques-unes des caisses, notamment celles de l'armoire, peuvent être utilisées pour aménager l'intérieur des locaux et servir au placement des objets que le personnel doit avoir sous la main pendant les opérations. Ces récipients doivent être utilisés, autant que possible, sans de trop grandes modifications.

2º En cas d'emballage pour expédition du matériel des collections, on doit, autant que possible, réunir dans le même récipient les objets de même nature, en plaçant de préférence dans les caisses pleines ceux de petite dimension ou plus sujets à se détériorer.

Les colis sont numérotés et une rubrique avec numéros correspondants indique les objets contenus dans chacun d'eux. Ce relevé mentionne également le poids de chaque caisse ou colis ainsi que son volume au mètre cube.

Instruction sur le mode de préparation du café et l'entretien des percolateurs dans les stations haltes-repas (1).

Paris, le 18 août 1902.

Montage de l'appareil.

On visite tout d'abord avec soin les diverses parties de l'appareil, pour s'assurer de leur état de propreté avant de s'en servir; on examine de même les tuyaux pour constater que rien ne s'oppose à un tirage parfait, puis il est procédé comme suit au montage de l'appareil :

1o Placer le fourneau sur le sol de la cuisine ou de la pièce désignée ;

2o Placer le corps principal de l'appareil de façon que son bord inférieur repose dans la gorge circulaire ménagée à la partie supérieure du fourneau.

Cette gorge devra être garnie de sable fin ou de grès pilé, afin d'intercepter tout passage à la fumée et éviter une perte de chaleur. Pour mieux conserver cette chaleur, on lute, au moyen de terre à four, l'espace circulaire existant entre le foyer et la cafetière.

3o Placer le bouchon avec tube d'ascension dans la douille intérieure du corps en appuyant légèrement, mais en s'assurant qu'il est convenablement enfoncé ;

4o Placer sur le corps le filtre, que le tube d'ascension doit traverser ;

5o Enfin, ajouter à l'appareil la longueur de tuyau nécessaire pour conduire la fumée dans un coffre de cheminée quelconque, en donnant un tirage suffisant.

Préparation du café.

1o S'assurer que le robinet est ouvert, afin de pouvoir contrôler la quantité d'eau introduite dans l'appareil;

2o Introduire l'eau en la versant simplement sur le filtre ; la

---

(1) Voir articles 20 et 36 de l'instruction sur l'alimentation pendant les transports en chemins de fer.

quantité d'eau à mettre ne doit jamais être moindre que la moitié de la contenance indiquée par l'appareil;

3º Mettre le combustible dans le foyer et l'allumer. Pour le percolateur du modèle 1879, on doit d'abord retirer le registre;

4º Mettre le café en poudre dans le filtre et le couvrir avec le couvercle. La quantité de café moulu mise dans le filtre est calculée à raison de 10 grammes par ration, et correspond par conséquent à 11^{kg},420 pour le percolateur de 1.142 rations (1) (contenance de 250 litres) et à 5^{kg},710 pour le percolateur de 571 rations (contenance de 125 litres). Si, exceptionnellement, il était nécessaire de préparer un nombre de rations de café inférieur à la contenance normale des percolateurs, la quantité de café en poudre à mettre dans le filtre serait réduite en conséquence et proportionnée au nombre réel de rations de café à préparer, la quantité d'eau ayant été aussi calculée en conséquence.

5º Alimenter le foyer et attendre que le premier jet se produise sur le café, ce qui doit arriver en une heure vingt minutes pour l'appareil de 250 litres, une heure pour l'appareil de 125 litres.

A partir de ce premier jet sur le café, et le foyer étant toujours alimenté, laisser l'opération se continuer pendant quarante minutes pour l'appareil de 250 litres, et trente-cinq minutes pour l'appareil de 125 litres.

6º Arrêter l'opération en éteignant le feu, soit en retirant le combustible par la bouche du foyer, soit par le cendrier après avoir soulevé la grille mobile. Pour le percolateur du modèle 1879, il suffit de replacer le registre extincteur et de fermer les portes du cendrier.

Dans le cas où la préparation du café doit se continuer, il convient, pour soustraire le corps de l'appareil à l'action du feu, pour le percolateur du modèle 1876, de laisser quelques centimètres de café liquide au fond de la cafetière, puis de retirer le combustible et de le placer dans les foyers en activité, d'où on le reprend ensuite pour la nouvelle opération, mais seulement quand le récipient du percolateur a été à moitié rempli d'eau froide;

7º Attendre encore dix minutes après l'extinction du feu, pour que l'infusion soit complète, et s'assurer, en soulevant le couvercle, que le café contenu dans le filtre est sec, puis procéder au sucrage;

8º Le sucrage du café s'opère ainsi:

Percolateur du modèle de 1876. — Soulever le filtre et verser le

---

(1) Le café chaud, mélangé d'eau-de-vie, représente la contenance du quart du soldat, soit 0^l,25, c'est-à-dire que chaque homme reçoit:

> 0^l,21875 de café chaud }
> 0^l,03125 d'eau-de-vie } total 0^l,25.

sucre dans la cafetière, remuer le liquide avec la spatule, en l'introduisant jusqu'au fond de l'appareil, puis replacer le filtre et le couvercle; deux hommes sont indispensables pour cette opération.

Percolateur du modèle de 1879. — Introduire le sucre dans la partie supérieure du corps, par la hotte située sur le devant de l'appareil, et remuer avec la spatule également introduite par la hotte.

L'opération étant terminée, la distribution se fait par le robinet à ce destiné.

Il importe que les hommes appelés à conduire les opérations au moment du besoin soient choisis, autant que possible, parmi ceux qui sont déjà exercés, et qu'ils y soient maintenus de préférence.

La quantité de sucre jeté dans l'appareil correspond au nombre de rations de café à préparer, à raison de 10 grammes par ration.

Recommandations particulières.

Le café est moulu, au fur et à mesure des besoins, par le personnel affecté à chaque station-halte, au moyen des moulins à café existant dans chacune d'elles.

Toutefois, pour parer à toute éventualité, on doit posséder pour une journée au moins de café moulu. L'officier d'administration gérant de la station halte-repas veille à ce que les moulins à café soient manœuvrés avec précaution, et, autant que possible, par les mêmes hommes, afin d'éviter la détérioration de ces appareils.

Le café moulu est placé dans des caisses en bois garnies intérieurement de papier gris collé.

Après chaque opération, on retire le marc du premier filtre, on y met le marc du second et on garnit celui-ci de café frais.

Réserve de café chaud.

Pour permettre de parer à tous mécomptes pouvant résulter, soit d'une insuffisance de la production des percolateurs, soit d'avaries à ces appareils, il est entretenu, en tout temps, *pendant les transports de concentration,* une réserve de café chaud. Chaque station halte-repas est dotée, à cet effet, de récipients en fer-blanc fort, d'une contenance totale de 210 litres, que l'on enveloppe de feutre ou de couvertures hors de service, de manière à maintenir le café à une température convenable.

En outre, et afin de parer à toute éventualité, l'officier d'administration gérant se procure, dès l'ouverture de la station halte-repas, par voie de location, achat ou réquisition sur place, les récipients nécessaires pour doubler cette réserve (chaudrons, marmites, etc.), ainsi que les fourneaux ou supports indispensables pour permettre de maintenir le café à une température convenable, au moyen d'un feu très doux.

Entretien des percolateurs.

1º Après chaque préparation de café, le filtre doit être lavé à l'eau froide ;

2º Le corps de l'appareil sera lavé également, et on aura soin d'ouvrir le robinet de distribution pour laisser écouler l'eau ;

3º On devra avoir soin, chaque fois qu'on en fera usage, si cela est nécessaire, de frotter les surfaces étamées avec de la sciure de bois bien sèche, pour enlever le dépôt gras qui aurait pu s'y former, et ensuite de laver à grande eau pour faire disparaître la sciure ;

4º On ne se servira jamais ni de grès, ni de sable, ni de brique pilée pour nettoyer l'appareil ;

5º Le nettoyage extérieur se fait, savoir : pour les cuivres, en les frottant avec de l'eau de cuivre et du tripoli ; après cette opération, il ne serait pas inutile de frotter ces parties de l'appareil avec un chiffon gras ;

Pour les ferrures polies, en les passant au suif ;

Pour les parties en fonte, en les noircissant avec du noir de fumée délayé avec un peu d'huile ;

Pour les parties en tôle, en les frottant à la brosse avec de la mine de plomb délayée dans de l'eau, et ensuite en les brossant à sec.

6º En cas d'obstruction dans le robinet de niveau, on retirera les bouchons vissés qui se trouvent à ses extrémités et que l'on peut enlever à volonté, et, alors, il sera facile de déboucher le robinet.

Il importe que ces appareils soient tenus un peu au-dessus du sol afin de les éloigner de l'humidité.

Instruction pour l'établissement des feuillées
dans les stations haltes-repas (1).

(Direction du Service de Santé.)

Paris, le 18 août 1902.

Dans les stations haltes-repas, on aura recours à l'établissement des feuillées. Il est extrêmement important de bien établir ces feuillées et de les désinfecter journellement, car les germes de certaines maladies (fièvre typhoïde, choléra, dysenterie) se déposant dans les matières fécales, toutes les personnes qui se rendent à la même feuillée et, par elles, toute la troupe, peuvent contracter ces maladies si redoutables et contre lesquelles on ne saurait prendre trop de précautions.

La contamination des troupes qui se succèdent dans les mêmes endroits n'a pas d'autre origine. Il faut bien se garder de donner aux fosses qui constituent les feuillées trop de largeur : les hommes s'en éloignent instinctivement, de crainte d'y tomber de jour comme de nuit, et ils souillent tout le terrain aux alentours. Il est indispensable que la feuillée consiste en un sillon, n'ayant pas plus de largeur que le fer de la pelle réglementaire, et aussi profond que la pioche permet de le creuser. La terre de déblai sera rejetée à 0m,30 à droite et à gauche du sillon, qui doit être assez étroit pour que l'homme, mettant les pieds l'un à droite, l'autre à gauche, soit comme à cheval sur la fosse, où tomberont les urines comme les matières fécales. Les parois de la tranchée doivent être taillées à pic, ainsi qu'il est figuré ci-dessous :

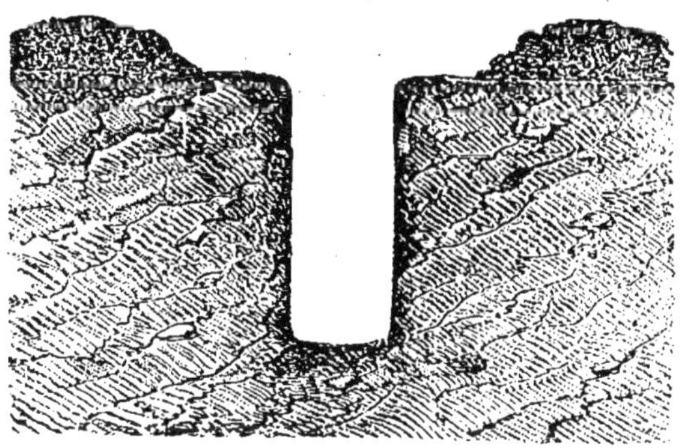

(1) Article 14 de l'instruction sur l'alimentation pendant les transports en chemins de fer.

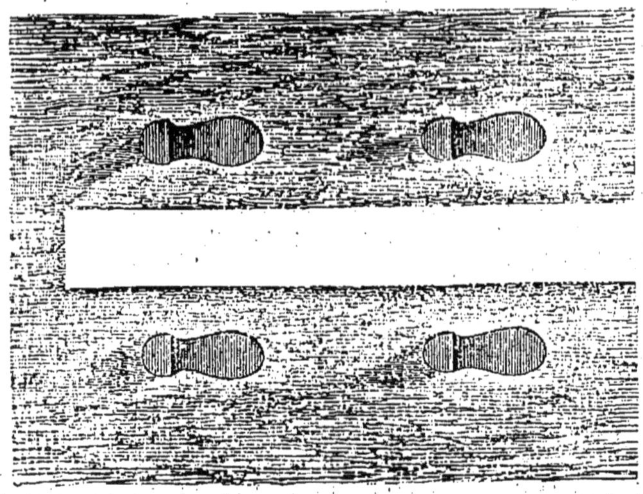

Une longue tranchée unique, collective (10 mètres pour 100 hommes), présente des inconvénients car, par pudeur, les hommes se placent sur un des côtés de la tranchée. Dans ces conditions les urines sont projetées en avant, formant des clapiers boueux qui fermentent et rendent difficile l'accès des tranchées.

Il est préférable, quand la superficie du terrain s'y prête, de remplacer la feuillée unique par une série de petites tranchées parallèles de 60 centimètres de longueur. Ces petites feuillées, parallèles, bien masquées en avant et en arrière par deux haies de branchages sont fréquentées sans répugnance.

Les hommes devront, avant de quitter la feuillée, faire tomber un peu de terre meuble sur les matières qu'ils viennent d'y déposer, ce qu'ils peuvent faire avec le pied en utilisant les déblais déposés sur les côtés; c'est le moyen le plus rapide et le plus direct de prévenir la mauvaise odeur et les effets malsains des déjections.

On aura soin d'établir les feuillées de telle sorte que le vent dominant ne ramène pas leurs émanations sur la gare, qu'elles soient éloignées et en contre-bas des points d'eau que leur voisinage a toute chance d'infecter. (Une distance minimum de 100 mètres est convenable.)

On creusera autant de sillons à la fois étroits et profonds qu'il sera nécessaire.

Deux fois par jour, le commissaire militaire fera désinfecter les feuillées à l'aide de lait de chaux ou d'une solution de sulfate de fer à 1/10e. 250 grammes de la solution de sulfate de fer ou 25 grammes de lait de chaux suffiront par fraction de 10 hommes ayant stationné à la halte-repas.

La désinfection sera complétée par le remplissage des tranchées à l'aide de cendres des foyers et de terre.

LAIT DE CHAUX.

Arroser un kilogramme de chaux avec un demi-litre d'eau.

Quand la délitescence est effectuée, délayer la poudre ainsi obtenue dans le double de son volume d'eau ; verser dans les feuillées 25 grammes de lait de chaux par fraction de 10 hommes ayant stationné à la halte-repas.

Quand les sillons seront à moitié remplis, on les comblera et on foulera fortement la terre de remplissage.

Puis on placera, à ses deux extrémités, des branchages ou des pierres faisant saillie, afin qu'une troupe de passage ne vienne ni stationner ni fouiller le sol en cet endroit.

Il sera toujours avantageux de faire disposer au-dessus des feuillées un léger clayonnage qui protège les hommes contre l'ardeur du soleil ou contre la pluie, et qui, pendant la nuit, leur permette de trouver facilement l'emplacement du sillon ; la nuit, d'ailleurs, une lanterne indiquera cet emplacement.

Dans les locaux de la gare, les fosses d'aisances seront désinfectées au moyen des solutions indiquées plus haut.

Les commissaires militaires devront veiller avec le plus grand soin à l'exécution de ces mesures d'hygiène et de prophylaxie ; on s'assurera ainsi contre la malpropreté traditionnelle des grandes feuillées et contre tout danger de contagion actuelle ou à venir.

L'avance de la dépense sera faite par le comptable de la station, l'approvisionnement étant calculé à raison de 25 grammes de sulfate de fer ou de lait de chaux par fraction de 10 hommes ayant stationné à la halte-repas ; elle sera remboursée sur les fonds du service de santé.

*Circulaire relative au compte rendu de la visite annuelle
des haltes-repas* (1).

Paris, le 16 juin 1906.

Les résultats de la visite annuelle sont constatés par des
procès-verbaux établis par les fonctionnaires de l'intendance,
distinctement pour chaque halte-repas, en visant les différentes opérations prévues à l'article 22, de l'instruction du
18 août 1902, même si aucune observation critique n'est à formuler.

Ces documents sont transmis au Ministre (5ᵉ Direction; Cabinet du Directeur), le 1ᵉʳ septembre de chaque année, par les généraux commandant les corps d'armée.

Les réparations et remplacements à faire au matériel dont
la nomenclature est insérée à la suite de l'instruction du
18 août 1902, et qui peuvent être faits sur place, doivent être
effectués d'urgence par les soins du service des vivres, à la
charge du service courant. Dans le cas contraire, une demande
spéciale doit parvenir au Ministre, sous le timbre de la 5ᵉ Direction (Cabinet, Mobilisation).

En ce qui concerne les menus travaux d'entretien, les réparations ou légères améliorations à effectuer aux bâtiments et
au matériel d'abreuvage, de latrines et de prises d'eau, les
fonctionnaires de l'intendance signaleront, s'il y a lieu, les
propositions ou demandes qu'ils auraient à formuler, le cas
échéant, à ce sujet, sur une feuille d'observations, établie en
double expédition, adressée au commissaire militaire de la
commission de réseau intéressée, et remise par eux au représentant local de la compagnie du chemin de fer assistant aux
visites.

Une expédition de cette feuille d'observations sera renvoyée à ces fonctionnaires, par les soins des commissaires
militaires intéressés, avec l'indication de la suite donnée aux
propositions ou demandes formulées.

Toutefois, dans le cas où il conviendrait d'apporter des
modifications importantes aux locaux des haltes-repas, de pro-
poser des changements dans la composition du matériel appartenant au service militaire des chemins de fer (matériel
d'abreuvage, de latrines et de prises d'eau), ou de signaler
des déficits dans les dotations de ce dernier matériel, les fonctionnaires de l'intendance auront à produire, à ce sujet, des

---

(1) Mise à jour par l'incorporation dans le texte primitif des dispositions
contenues dans la circulaire du 22 octobre 1913.

rapports spéciaux à transmettre au Ministre (5ᵉ Direction ; Cabinet du Directeur).

Il demeure entendu que toutes mesures utiles seront prises, le cas échéant, dans l'intervalle des visites annuelles, pour assurer le bon entretien du matériel.

V . — Infirmeries de gare.

Instruction sur le fonctionnement des infirmeries de gare à la mobilisation.

[Etat-Major de l'Armée (4ᵉ Bureau) et Direction du Service de Santé (Cabinet).]

Paris, le 31 octobre 1911.

TITRE Iᵉʳ.

DISPOSITIONS GÉNÉRALES.

But.

Art. 1ᵉʳ. Les infirmeries de gare sont destinées :

a) A donner, à la demande des autorités militaires, des secours médicaux urgents aux militaires traversant la gare et à seconder, en cas de besoin, les médecins de l'armée, pendant les arrêts des trains;

b) A recevoir les militaires de passage dans les gares qui par suite d'accident, d'indisposition subite ou d'aggravation dans leur état, sont incapables de poursuivre leur route; à leur donner les soins d'urgence nécessaires en attendant leur évacuation;

c) A assurer, au besoin, l'évacuation par voie ferrée des militaires malades ou blessés dirigés sur la gare par les soins des formations ou établissements sanitaires du voisinage;

d) A pourvoir, dans la mesure indiquée ci-après, à l'alimentation des malades ou blessés évacués de l'armée ou séjournant à l'infirmerie.

Art. 2. Les infirmeries de gare sont réparties de six heures en six heures environ sur le trajet des trains d'évacuation.

Organisation.

Art. 3. L'organisation des infirmeries de gare est confiée :

En tant qu'organe de ligne d'évacuation, à l'état-major de l'armée (4ᵉ Bureau) ;

En tant que formation sanitaire, à la direction du service de santé, au ministère de la guerre.

L'état-major de l'armée fixe les gares où doivent fonctionner les infirmeries ; désigne, après entente avec le service de santé, les locaux ou emplacements à leur affecter et prépare les consignes réglant l'ordre et les mouvements dans les gares.

Le service de santé organise le service technique, s'assure de l'approvisionnement et de l'entretien du matériel et de la désignation du personnel. Il fait nommer les médecins-chefs et adjoints et en communique la liste à l'état-major de l'armée, conformément à la note n° 1 annexée à la présente instruction.

Fonctionnement.

Art. 4. Le service dans les infirmeries de gare est assuré par les soins de la Société de secours aux blessés militaires des armées de terre et de mer, reconnue d'utilité publique par décret du 23 juin 1866, ou, à défaut, par les soins du service de santé militaire.

Les infirmeries de gare fonctionnent, dans la zone de l'intérieur, sous l'autorité du Ministre ; dans la zone des armées, sous l'autorité du directeur de l'arrière.

Art. 5. Une commission dite « d'infirmerie de gare » est constituée dans toute gare siège d'infirmerie. Elle se compose de :

Un officier supérieur ou capitaine, commissaire militaire ;
Le chef de gare, commissaire technique ;
Un officier subalterne, adjoint ;
Un secrétaire et deux plantons.
Elle est permanente (1).
La commission de gare exerce dans la gare siège de l'infirmerie

---

(1) Il lui est constitué, dès le temps de paix, une collection de règlements et documents militaires identique à celle qui est prévue par les règlements sur les transports en chemins de fer pour une commission de gare de station halte-repas ; cette collection, complétée par deux exemplaires de la présente instruction, est déposée, sous pli cacheté, dans la gare siège de l'infirmerie.

les fonctions générales qui lui sont attribuées par le règlement sur les transports stratégiques par chemins de fer.

Dans le cas où un train d'évacuation n'est accompagné ni d'un médecin chef d'évacuation, ni d'un officier d'administration, le commissaire militaire remplit toutes les attributions qui leur sont dévolues pendant le stationnement du train dans la gare.

Art. 6. Le service de l'infirmerie (service médical et alimentation) est, dans tous les cas, subordonné aux nécessités du service technique des chemins de fer.

Le commissaire militaire de la gare communique, à l'arrivée de chaque train d'évacuation, la durée exacte du stationnement en gare au médecin-chef de l'infirmerie et au médecin-chef d'évacuation. Ces derniers prennent leurs mesures pour assurer l'alimentation des hommes et les soins à leur donner pendant le temps dont ils disposent.

Personnel.

Art. 7. Le personnel est composé comme il suit :

Médecin chef de l'infirmerie	1
Médecin adjoint	1
Administrateur	1
Administrateur adjoint	1
Infirmier-major	1
Infirmier commis aux écritures	1
Infirmier de visite	1
Infirmiers d'exploitation	12 (1).

Il peut être augmenté suivant les besoins du service, au moment de la mobilisation. Des dames infirmières, notamment, peuvent faire partie du personnel (2).

Art. 8. Ce personnel est fourni par la Société de secours aux blessés, dans les conditions prescrites par le décret portant règlement sur le fonctionnement général des Sociétés d'assistance aux blessés et malades des armées de terre et de mer.

---

(1) S'il est fourni par l'autorité militaire, le personnel sera déterminé dans les mêmes conditions.

(2) Le personnel civil des infirmeries de gare doit être pourvu, en outre, de la carte d'identité prévue par l'article 20 de la convention de Genève du 6 juillet 1906, d'une lettre de service signée par le délégué régional de la société d'assistance et le directeur du service de santé. Elle est destinée à permettre à son détenteur de se faire reconnaître par les autorités militaires du lieu de destination et à faciliter son transport par voie ferrée.

En cas d'insuffisance de personnel civil reconnue par le directeur du service de santé de la région, il est mis à la disposition de la Société, soit des détachements avec cadres des sections territoriales d'infirmiers militaires, soit un certain nombre d'hommes appartenant à la réserve de l'armée territoriale ou classés dans le service auxiliaire et faisant partie de l'armée territoriale ou de sa réserve.

Les demandes établies, à cet effet, par la Société de secours aux blessés sont adressées au directeur du service de santé de la région sur le territoire de laquelle l'infirmerie est appelée à fonctionner. Ce directeur les transmet au général commandant le corps d'armée qui prononce par délégation du Ministre.

Art. 9. Le personnel est convoqué à la gare siège de l'infirmerie, la veille du jour fixé pour l'entrée en fonctionnement de l'infirmerie, avant midi.

Art. 10. Le logement, le couchage et la nourriture du personnel de l'infirmerie sont assurés par la Société.

Toutefois, en cas de besoin, le commissaire militaire de la gare assure le logement du personnel militaire mis à la disposition de la Société.

Locaux.

Art. 11. Les infirmeries sont installées dans les bâtiments de la gare ou dans des locaux à proximité; à défaut de locaux disponibles, dans des baraques ou sous des tentes fournies par la Société de secours aux blessés.

Toute infirmerie de gare comprend :

1° Un cabinet pour le médecin ;

2° Une salle pour les malades ou blessés ;

3° Une cuisine-tisanerie ;

4° Un casernement pour les infirmiers ;

5° Un local pour les décédés ;

Et, autant que possible :

6° Une salle d'attente pour les malades ;

7° Un réfectoire pour les malades en traitement à l'infirmerie et pour le personnel de l'infirmerie ;

8° Un bureau pour l'administrateur.

Tous ces locaux doivent être convenablement aérés et éclairés; la salle réservée aux malades doit avoir une capacité de vingt mètres cubes d'air par malade.

Art. 12. Chaque infirmerie contient cinq lits; les infirmeries installées dans les gares dites : *points de répartition des malades et blessés*, en contiennent quinze.

Approvisionnements.

Art. 13. Les approvisionnements en matières médicales, en denrées alimentaires et en matériel sont assurés par les soins de la Société de secours aux blessés.

Art. 14. En cas de nécessité, le droit de réquisition est exercé par le commissaire militaire de la gare (1), pour assurer le fonctionnement de l'infirmerie. Dans ce cas, le commissaire militaire adresse un état indiquant la nature et la quantité des fournitures acquises par réquisition au directeur du service de santé de la région ou du commandement territorial, ou au médecin chef du service de santé des étapes, qui aura à poursuivre, auprès de la Société, le remboursement de ces fournitures, d'après le tarif établi par la commission d'évaluation. (Art. 48 du décret du 2 août 1877.)

TITRE II.

SERVICE MÉDICAL.

———

Exécution du service.

Art. 15. *Trains d'évacuation.* — A l'arrivée des trains d'évacuation, le médecin chef de l'infirmerie contribue, en cas de besoin, sur la demande du médecin commandant l'évacuation, et d'après ses indications, à donner des soins urgents aux malades en cours de route.

A défaut d'un médecin dirigeant le convoi d'évacuation, le médecin chef de l'infirmerie prend l'initiative des secours à donner, lesquels ne devront comporter, en principe, aucune opération chirurgicale.

Exceptionnellement, les malades ou blessés évacués de l'armée qui sont dans l'impossibilité de continuer leur route sont reçus à l'infirmerie, mais seulement pour un temps très court. Ils doivent être dirigés, dès qu'ils sont transportables, sur la gare point de répartition desservant la région d'hospitalisation affectée au corps dont ils font partie. A cet effet, ils sont embarqués dans le premier train d'évacuation qui s'arrête à la gare et qui a des places disponibles.

Ceux d'entre eux dont l'état exigerait un traitement prolongé

———

(1) Ou le commandant d'étapes.

sont, après avoir reçu les soins les plus urgents, dirigés sur la formation ou l'établissement sanitaires le plus voisin.

Art. 16. *Trains de troupe.* — Les malades faisant partie des corps rejoignant les armées, et qui ont été laissés à l'infirmerie de gare, en raison de leur état de santé, sont traités comme les malades ou blessés évacués de l'armée; toutefois, ceux d'entre eux dont l'état ne nécessite pas une hospitalisation sont dirigés, aussitôt que possible, sur le dépôt du corps auquel ils appartiennent, par les trains de service journalier.

Art. 17. Les hommes qui quittent la formation ou l'établissement dans lequel ils ont été temporairement hospitalisés sont mis en route par le commissaire militaire de la gare, sur la demande du médecin chef de l'infirmerie de gare. Suivant leur état de santé, ils sont dirigés soit sur la gare point de répartition, soit sur le dépôt de leur corps.

Entrées à l'infirmerie.

Art. 18. Le médecin chef de l'infirmerie fait enlever des wagons et installer à l'infirmerie les malades qui lui sont désignés par le médecin du train ou, à défaut, par le commandant de la troupe, comme ne pouvant pas continuer leur route.

Art. 19. Chaque malade ou blessé est porteur d'un billet d'hôpital qui lui sert de billet d'entrée à l'infirmerie et tient lieu de billet de salle.

A son arrivée, le malade est inscrit sur le registre des entrées (modèle A), dont toutes les colonnes sont exactement remplies d'après les indications du billet d'hôpital, du livret individuel, de la plaque d'identité et, au besoin, d'après les renseignements donnés par le malade lui-même.

Tous les malades et blessés laissés par un train d'évacuation, lors même qu'ils sont dirigés immédiatement sur une formation ou un établissement sanitaires du voisinage, sont inscrits sur le registre des entrées.

Sortie des malades.

Art. 20. A la sortie de l'infirmerie, le billet d'hôpital portant la date de la sortie et visé par l'administrateur et le médecin chef est remis au malade. La sortie est inscrite sur le registre des entrées.

Art. 21. Lorsque les malades doivent séjourner à l'infirmerie, et qu'ils ont des bijoux et des valeurs, ils les remettent à l'administrateur qui les inscrit sur un registre (modèle B) et leur donne un récépissé (modèle B¹).

Les objets et valeurs déposés sont rendus au malade à sa sortie de l'infirmerie; celui-ci remet à l'administrateur le récépissé qu'il a reçu.

Décès.

Art. 22. Si un malade succombe à l'infirmerie, les formalités prescrites par le service de santé à l'intérieur sont remplies par l'administrateur de l'infirmerie (voir note n° 2).

L'inhumation et la cérémonie religieuse sont au compte de la Société de secours; mais si la famille du décédé désire une plus grande pompe, l'excédent des frais est à sa charge.

Art. 23. Lorsqu'un malade succombe dans un train d'évacuation en marche, l'acte de décès est établi par l'officier d'administration qui accompagne l'évacuation et le corps est remis par le médecin au commissaire militaire de la gare.

Il ne peut être reçu à l'infirmerie qu'à titre de dépôt et ne doit pas figurer sur les registres. L'inhumation est assurée par les soins de l'infirmerie de gare, dans les conditions fixées par l'article 22.

Successions et testaments.

Art. 24. En ce qui concerne les effets, bijoux, valeurs, etc., laissés par les décédés, l'administrateur se conforme aux prescriptions du règlement sur le service de santé en campagne (voir note n° 2).

Art. 25. Les testaments sont établis conformément aux prescriptions du code civil et adressés au Président du tribunal civil de l'arrondissement où fonctionne l'infirmerie.

Il est fait mention sur le carnet des successions (modèle C) de la date de dépôt au greffe et du nom du notaire qui a reçu le testament.

TITRE III.

ALIMENTATION.

Mode d'alimentation.

Art. 26. Tout militaire faisant partie d'un train d'évacuation reçoit, au départ, deux jours de pain par les soins de l'hôpital d'évacuation. Si la durée du trajet est supérieure à quarante-huit heures, une distribution complémentaire est faite par une halte-repas désignée d'avance sur chaque ligne d'évacuation et qui est avisée, dès le départ du train de la gare d'évacuation, par les soins du commissaire militaire de cette gare.

Tout homme hospitalisé temporairement, soit dans une infirmerie de gare, soit dans une formation ou établissement sanitaires, reçoit, au départ, ses deux jours de pain par les soins de la formation ou établissement sanitaires qu'il quitte.

Art. 27. En cours de route, tout militaire faisant partie d'un train d'évacuation reçoit, par période de vingt-quatre heures environ, quatre repas dont au moins deux repas légers.

Fonctionnement du service dans les infirmeries de gare.

Art. 28. Au point de vue du service de l'alimentation, les gares sièges d'infirmerie forment deux séries :

Dans celles de la première série, une halte-repas et une infirmerie fonctionnent simultanément;

Dans celles de la deuxième série, une infirmerie de gare fonctionne seule.

En principe, de deux infirmeries de gare placées consécutivement sur le trajet d'un train d'évacuation, l'une est de la première, l'autre de la deuxième série.

Art. 29. Dans les gares de la première série, un repas administratif (voir art. 33 ci-après) est fourni par la halte-repas aux malades pouvant supporter l'alimentation normale; les autres malades reçoivent un repas léger, par les soins de l'infirmerie.

Le médecin-chef de l'évacuation désigne les malades qui ne doivent recevoir que des repas légers.

Art. 30. Dans les gares de la deuxième série, un repas léger est distribué à tous les blessés et malades indistinctement; il est fourni par l'infirmerie de gare.

Art. 31. Le médecin-chef de l'évacuation reçoit du commissaire militaire de la gare de départ la liste des infirmeries situées sur l'itinéraire du train, avec l'indication de la série à laquelle appartient la gare siège de chaque infirmerie.

Art. 32. L'arrêt des trains, dans chaque infirmerie, est d'une heure environ, non compris le temps nécessaire aux manœuvres de gare.

Composition des repas.

Art. 33. Les repas distribués dans les gares, sièges d'infirmerie de gare, sont de trois sortes :

Le *repas administratif*, fourni par la halte-repas; il a la composition prévue par l'instruction ministérielle sur le fonctionnement des haltes-repas.

Le *repas léger*, fourni par l'infirmerie de gare, comprend deux des aliments ci-après; il en sera pris un dans chaque groupe.

	Aliments.	Taux de la ration.	
1er groupe.	Lait	0l,40	avec 20 grammes de sucre.
	Café au lait	0l,40	Id.
	Chocolat à l'eau	0l,25	Id.
	Chocolat au lait	0l,40	
	Café noir	0l,25	café torréfié 15 gr., sucre 20 gr.
	Vin	0l,25	
2e groupe.	Fromage de gruyère ou de Hollande	0k,060	
	Fromage mou	0k,100	
	Chocolat en tablettes	0k,035	
	Biscuits (nombre)	2	

Si les ressources de l'infirmerie de gare le permettent, des bouillons gras et des potages gras (environ 0l,40) peuvent être substitués à l'un des aliments portés sur ce tableau.

L'infirmerie de gare peut également préparer, à l'annonce du passage d'un train d'évacuation, un certain nombre de petits repas composés avec des aliments plus substantiels, tels que viandes rôties, volaille, poissons, œufs, etc... Ils sont destinés aux blessés et malades dont l'état de santé exige une alimentation intermédiaire entre le repas léger et le repas administratif.

Aucune indemnité supplémentaire à celle spécifiée à l'article 47 de la présente instruction ne sera allouée à la Société pour ces substitutions ou distributions facultatives.

Le *repas d'infirmerie*, fourni par l'infirmerie aux hommes en traitement à l'infirmerie et au personnel militaire qui en assure le service, se compose, en principe, de :

Pain	250 grammes.
Viande cuite	75 —
Légumes cuits	200 —
Vin	0l,20

La viande peut être remplacée par des œufs ou du poisson; le vin, par de la bière ou du cidre. D'ailleurs, en ce qui concerne les malades et blessés, il appartient au médecin chef de l'infirmerie de faire subir à ce régime toutes les modifications que réclame leur état, en se conformant, autant que possible, aux prescriptions du règlement sur le service de santé à l'intérieur.

Art. 34. Les médecins, officiers d'administration et infirmiers attachés aux trains d'évacuation ont droit aux mêmes allocations que les officiers et les hommes de troupe malades ou blessés, soit dans les haltes-repas, soit dans les infirmeries de gare.

Art. 35. Le personnel militaire employé à l'infirmerie reçoit, par jour, un repas léger augmenté de 250 grammes de pain (le matin) et deux repas d'infirmerie. Il en est de même des malades ou blessés en traitement à l'infirmerie, sauf prescriptions contraires du médecin chef de l'infirmerie.

Préparation des aliments.

Art. 36. Au moment du départ d'un train d'évacuation, le commissaire militaire de gare fait connaître, par voie télégraphique, au commissaire militaire de la première gare siège d'infirmerie, l'effectif de l'évacuation et, lorsque l'infirmerie de gare est de 1re série, le nombre de repas administratifs ou légers à préparer.

Ces renseignements lui sont fournis par le médecin chef de l'évacuation ou, à défaut, par le médecin chef de l'hôpital d'évacuation.

Les mêmes indications modifiées, s'il y a lieu, sur l'avis du médecin-chef de l'évacuation, sont transmises par le commissaire militaire de toute gare siège d'infirmerie, au moment où le train quitte la gare, au commissaire militaire de la première gare siège d'infirmerie où le train doit s'arrêter.

Art. 37. Dès la réception du télégramme, le commissaire militaire de la gare informe le médecin chef (1) de l'infirmerie et, dans les gares de 1re série, le comptable de la halte-repas; il s'assure, avant l'arrivée du train, que les rations demandées sont prêtes à être distribuées.

Si, dans un cas de force majeure, l'infirmerie ne pouvait fournir le nombre des repas qui lui est assigné, il augmenterait, en conséquence, le nombre de repas administratifs, afin que le service soit, de toute façon, complètement assuré.

---

(1) En cas d'absence du médecin-chef ou de son adjoint, l'administrateur a qualité pour recevoir toutes les communications urgentes et prendre connaissance du courrier. Celui-ci est néanmoins soumis, dans tous les cas, au médecin-chef, aussitôt que possible.

Distribution des aliments.

Art. 38. Toutes les distributions se font dans les wagons.

Une inscription bien apparente, répétée de chaque côté de la voiture, et faite par les soins du médecin commandant le train, indique, pour chaque wagon, le nombre des malades qui doivent recevoir le repas administratif et le nombre de ceux qui ne reçoivent que des repas légers.

(Autant que possible, les malades soumis au régime léger seront groupés dans une même rame de wagons.)

Art. 39. Les repas administratifs sont distribués conformément aux prescriptions de l'instruction ministérielle sur le fonctionnement des haltes-repas.

Art. 40. Les *repas légers* sont distribués de la manière suivante :

Dès que le train est signalé, les mannes sont garnies et apportées devant la voie de stationnement du train, sur l'emplacement indiqué par la consigne de gare.

Les rations destinées aux malades assis sont remises directement à ceux-ci par le personnel de l'infirmerie, aidé par les infirmiers du train ou les hommes les plus valides.

Celles destinées aux malades couchés sont remises à l'infirmier du wagon qui assure la répartition.

Le repas terminé, le matériel qui a servi à la distribution est déposé sur le quai de stationnement, devant chaque wagon.

Dispositions relatives aux prisonniers de guerre.

Art. 41. Les prisonniers malades ou blessés sont traités, au point de vue médical et alimentaire, comme les malades ou blessés français.

TITRE IV.

COMPTABILITÉ.

État nominatif de mutations (entrées et sorties).

Art. 42. Tous les cinq jours, l'administrateur de l'infirmerie de gare établit les états nominatifs de mutations des entrées et des sorties (modèle D), en inscrivant à la colonne « Observations » desdits états le nombre des repas légers distribués dans les cinq jours. Ces états sont adressés directement au bureau de comptabilité et de renseignements.

Situation journalière des malades

Art. 43. L'administrateur de l'infirmerie de gare établit tous les matins, en double expédition, une situation-rapport (modèle E) donnant le mouvement des malades et blessés, ainsi que le nombre des repas légers distribués (chiffre à inscrire à la colonne « Observations ») pendant la journée précédente.

Ces deux expéditions, signées par le médecin chef de l'infirmerie de gare, sont adressées :

Dans la zone de l'intérieur, l'une au général commandant la région de corps d'armée, l'autre au directeur régional du service de santé;

Dans la zone de l'arrière, en deçà des zones des étapes, l'une au commandant territorial, l'autre au directeur du service de santé du commandement territorial;

Dans la zone des étapes d'une armée, l'une au général directeur des étapes et des services de l'armée, l'autre au chef du service de santé des étapes de l'armée.

Compte trimestriel en journées.

Art. 44. Les totaux de la situation journalière visée ci-dessus sont reportés chaque jour sur le compte trimestriel en journées (modèle F), dont l'administrateur établira deux expéditions à la fin de chaque trimestre pour les adresser au délégué régional de la Société.

Bons de repas

Art. 45. Avant le départ de chaque train d'évacuation, le comptable de la halte-repas (1) et l'administrateur de l'infirmerie reçoivent de l'officier d'administration attaché au train un bon pour le nombre de repas fournis. Ce bon est visé par le médecin chef de l'évacuation.

Si le train n'est pas accompagné par un officier d'administration, le bon est signé seulement par le médecin chef de l'évacuation ou, à son défaut, par le commissaire militaire de la gare.

Ces bons sont extraits d'un carnet à souche (modèle G) conforme aux prescriptions de l'instruction ministérielle sur le fonctionnement des haltes-repas.

---

(1) Les repas fournis par les haltes-repas aux trains d'évacuation de malades et blessés sont distribués à titre de cession au service de santé.

Indemnités.

Art. 46. Dans les infirmeries de gare desservies par la Société de secours aux blessés, une indemnité est allouée à la Société pour toutes les distributions faites aux malades évacués et au personnel attaché aux évacuations.

Art. 47. Cette indemnité est fixée à 0 fr. 25 par repas léger distribué aux hommes en cours de route, et à 1 franc par jour pour les malades admis et traités à l'infirmerie; cette dernière indemnité n'est pas due pour les journées de sortie par guérison ou évacuation, mais elle est allouée pour la journée du décès. (Décret sur le fonctionnement des Sociétés d'assistance.)

Les hommes mis par l'autorité militaire à la disposition de la Société ne perçoivent aucune prestation, en deniers ou en nature, du département de la guerre, tant qu'ils restent au service de la Société, laquelle doit leur assurer un traitement au moins équivalent à celui auquel ils ont droit dans l'armée.

Décompte et paiement des indemnités.

Art. 48. Au commencement de chaque trimestre, le délégué régional établit, en deux expéditions, dont une timbrée, la facture trimestrielle (modèle H) des indemnités dues à la Société pour le service des infirmeries de gare.

Appuyée de deux expéditions du compte trimestriel en journées, tenu à l'infirmerie de gare, et des bons de repas délivrés à cette infirmerie, la facture trimestrielle est adressée :

Dans la zone de l'intérieur, au directeur régional du service de santé;

Dans la zone de l'arrière, en deçà des zones des étapes, au directeur du service de santé du commandement territorial;

Dans la zone des étapes d'une armée, au chef du service de santé des étapes de l'armée.

Ces autorités, après vérification, en ordonnancent le montant au nom de la Société française de secours aux blessés.

Le mandat de paiement est appuyé d'une expédition timbrée de la facture et d'une expédition du compte trimestriel en journées.

La deuxième expédition de ces documents est envoyée au bureau de comptabilité et de renseignements, pour servir à l'établissement du rapport de liquidation de la dépense.

Art. 49. Les directeurs ou chefs de service de santé intéressés délivrent mensuellement des mandats d'acompte au profit de la Société française de secours aux blessés militaires.

Pour permettre à ces ordonnateurs du service de santé d'établir le décompte prévu par le règlement du 3 avril 1869 sur la comptabilité du département de la guerre, les délégués régionaux leur font parvenir un relevé mensuel décompté (modèle 1) des journées de traitement aux infirmeries de gare, ainsi que des repas légers fournis par ces formations sanitaires.

Art. 50. Les acomptes ainsi autorisés seront limités aux 5/6 des sommes dues à la fin de chacun des deux premiers mois de chaque trimestre, et l'ordonnancement effectué à la fin du troisième comprendra le règlement définitif du trimestre.

TITRE V.

APPROVISIONNEMENT EN MATÉRIEL ET EN DENRÉES.

Composition et constitution du matériel.

Art. 51. Les infirmeries de gare doivent être pourvues, dès le temps de paix, des médicaments, des objets de pansement, des instruments de chirurgie et accessoires, du matériel de pharmacie, du matériel de couchage et objets à l'usage des malades et du matériel d'alimentation.

Le matériel d'exploitation pourra n'être constitué qu'au moment des besoins, mais des marchés, conventions éventuelles ou promesses écrites devront être établis, dès le temps de paix, à cet effet. La livraison du matériel ainsi réuni devra être effectuée à pied d'œuvre, au moment de la mobilisation.

Art. 52. La composition de ces approvisionnements et de ce matériel est indiquée dans la nomenclature ci-jointe spéciale aux infirmeries de gare.

Cette nomenclature est divisée en deux parties : la première comprend les approvisionnements ressortissant au service médical ; la deuxième, le matériel affecté au service de l'alimentation ; elle servira de guide pour la constitution des approvisionnements et du matériel d'exploitation.

Il ne sera apporté aucune modification à la nature et à la composition de ces approvisionnements sans autorisation du Ministre.

Approvisionnement en denrées.

Art. 53. Le premier approvisionnement en denrées alimentaires, nécessaire au fonctionnement de l'infirmerie de gare, devra être rendu à pied d'œuvre la veille du jour fixé pour l'ouverture de l'infirmerie.

Si c'est nécessaire, il sera fait usage des chemins de fer pour le transport de ce premier approvisionnement. Dans ce cas, la Société indiquera, dès le temps de paix, pour chaque infirmerie, le point où elle compte s'approvisionner, le poids et la nature des denrées à transporter.

Ces transports seront prévus et exécutés dans les mêmes conditions que ceux de tout autre matériel du service de santé.

Le remboursement des frais de transport sera poursuivi, auprès de la Société, sur les indications du service de santé, par les soins du service de l'intendance.

Réapprovisionnement.

Art. 54. Le réapprovisionnement sera assuré, s'il en est besoin, par les trains de service journalier, aux frais et par les soins de la Société.

Toutefois, sur le réseau des armées, la Société de secours aux blessés est autorisée, lorsque les ressources locales sont insuffisantes, à faire appel aux approvisionnements du service de santé, en ce qui concerne les médicaments, sérums, pansements et lait concentré.

Les états de demande établis dans ce sens sont adressés en une seule expédition au chef du service de santé des étapes de l'armée, sur la ligne de communication de laquelle fonctionne l'infirmerie de gare. Celui-ci, agissant par délégation du chef supérieur du service de santé de l'armée, donne des ordres en conséquence à la réserve de matériel sanitaire d'armée ou à la station-magasin.

Le remboursement de ces approvisionnements sera poursuivi ultérieurement par les soins du service de santé, auprès de la Société.

Conservation.

Art. 55. Le matériel des infirmeries, quand le service en est confié à la Société de secours aux blessés, est fourni par ladite Société et entretenu par ses soins.

La Société fait connaître au Ministre (7º Direction; Cabinet) les locaux dans lesquels il est emmagasiné et sa composition exacte.

"Art. 56. Les directeurs du service de santé des régions dans lesquelles sont organisées des infirmeries de gare font procéder, au moins une fois par an, à l'inspection de ce matériel, par un médecin sous leurs ordres, en présence du délégué régional de la Société ou de son représentant. Les comptes rendus de ces inspections, établis sur des états spéciaux fournis par la Société de secours aux blessés, sont adressés en double expédition au Ministre (7ᵉ Direction; Cabinet), le 31 décembre.

Dans le rapport transmissif de ces comptes rendus, le directeur régional du service de santé fait connaître les mesures prises, tant par lui que par le délégué régional, en vue de remédier, le cas échéant aux déficits en personnels et aux défectuosités signalées dans le matériel. Il exprime, d'autre part, son avis sur la convenance des mesures prévues au journal de mobilisation (art. 58), en vue de l'entrée en action et du fonctionnement des infirmeries de gare de la région.

Art. 57. Dix jours avant chaque inspection, il est rendu compte au Ministre (Etat-Major de l'armée; 4ᵉ Bureau, et 7ᵉ Direction; Cabinet) de la date exacte et de l'heure de la visite, ainsi que du point précis de rendez-vous. Un officier de l'état-major de l'armée et un médecin militaire de la direction du service de santé au ministère de la guerre peuvent être désignés pour assister à l'inspection.

Journal de mobilisation.

Art. 58. Un journal de mobilisation, auquel sont annexés la consigne de l'infirmerie de gare ainsi que les marchés et promesses écrites, est établi pour chaque infirmerie de gare par les soins de la Société.

Il est communiqué pour examen au directeur régional du service de santé, chaque fois que ce dernier en fait la demande, et au médecin militaire chargé de l'inspection du matériel de l'infirmerie.

Art. 59. Sont abrogées toutes les instructions, circulaires ou notices, antérieures à la présente instruction.

NOMENCLATURE DES APPROVISIONNEMENTS
ET DU
MATÉRIEL D'EXPLOITATION

1re PARTIE. — SERVICE MÉDICAL.

DÉSIGNATION DES OBJETS.	QUANTITÉS.	OBSERVATIONS.
1o *Médicaments*.		
Alcoolat de mélisse composé.........	200 gr.	
Ampoules { de chloroforme de 30 gr..	5 amp.	
de chlorure d'éthyle de 10 grammes (à clapet)..	5 amp.	
de caféine à 0 gr. 25.....	50 amp.	
de morphine à 0 gr. 01...	50 amp.	
Azotate basique de bismuth..........	500 gr.	
Comprimés { de quinine à 0 gr. 25	50 gr.	
d'extrait d'opium à 0 gr. 025	50 gr.	
de sulfonal à 0 gr. 50....	100 gr.	
d'oxycyanure de mercure à 0 gr. 25 (solutions antiseptiques)	200 gr.	
Poudre d'ipéca....................	100 gr.	
Sodium pur (chlorure de)...........	250 gr.	
Sodium (sulfate de)...............	500 gr.	
Teinture d'iode au 1/10e...........	250 gr.	
Thé..............................	1.000 gr.	
2o *Objets de pansement*.		
Pansements tout préparés. { a) petits...............	50	
b) moyens..............	30	
c) grands..............	20	
Tampons (paquets de 10)...........	5 paquets.	
Coton hydrophyle (paquets de 250 gr.)	4 paquets	
Coton cardé supérieur (paq. de 500 gr.)	5 paquets.	
Coton en nappe (paquets de 500 gr.)..	5 paquets.	
Bande Denain....................	Une.	
Bandages { carrés.................	5	
de corps..............	10	
triangulaires..........	5	
en T..................	5	
Bandes roulées en toile (5 × 0,065)....	20	
Compresses de toile grandes.........	20	
Gaze à pansement apprêtée sur 0m.65 de large (paquets de 5 mètres).......	5	
Gaze à pansement non apprêtée de 0m,70 de large (paquets de 5 mètres).	5	
Lacs en treillis..................	20	
Épingles de sûreté assorties..........	1 boîte de 144	
Plâtre à mouler (caissette)..........	5 kilog.	

DÉSIGNATION DES OBJETS.	QUANTITÉS.	OBSERVATIONS.
3° Instruments de chirurgie et objets accessoires.		
Aiguilles à suture ron- { droites......	10	
des avec chas élastique { courbes......	10	
Seringue pour injections hypodermiques...	1	
Trousse d'infirmier......	1	
Crins de Florence (Flacon)......	1	
Soie tressée plate (bobine)......	1	
Attelles en bois pour — l'avant-bras......	4	
le bras......	6	
la jambe { latérales......	4	
antérieures..	2	
la cuisse { internes......	2	
externes......	2	
antérieures...	2	
Gouttières métalliques pour — la jambe......	2	
la cuisse { côté droit....	1	
côté gauche..	1	
Coussins pour fractures — de l'avant-bras......	4	
du bras......	6	
de la jambe { latéraux......	4	
antérieurs....	2	
de la cuisse { internes......	2	
externes......	2	
antérieurs....	2	
Coussins matelassés pour gouttières — de la jambe......	2	
de la jambe et de la cuisse......	2	
du pied......	1	
Cisailles (paire de) (petit modèle)....		
Cuvettes à pansement { émaillées de 25 centimètres......	2	
réniformes......	1	
Irrigateur pour pansement de 1 lit. 1/2.	1	
Seau de toilette émaillé intérieurement, avec couvercle, pour linge à pansement sali......	1	
Thermomètre médical à maxima......	2	
Objets en caoutchouc. { Canules pour injections intestinales (grande et petite)......	2	A ne constituer qu'à la mobilisation.
Sondes nos 12, 13, 14 et 15 de la filière, divisée par tiers de millimètre	4	
4° Matériel de la pharmacie.		
Bouchons en liège pour fioles à médecine et flacons, de diverses grandeurs	10	
Capsule en porcelaine de 125 millimètr.	1	
Cuiller en fer battu étamé, de 25 centilitres, pour distribuer la tisane...	1	
Entonnoir en verre, de 125 grammes.	2	

DÉSIGNATION DES OBJETS.	QUANTITÉS.	OBSERVATIONS
4° *Matériel de la pharmacie* (suite).		
Fioles à médecine, de 125 grammes...	10	
Lampe à alcool (moyenne)............	1	
Marmite en fer battu ou en fonte, de 30 à 45 litres...................	1	
Récipient pour la tisane (de 40 à 50 lit.)	1	
Tire-bouchon..............	1	
Trébuchet à bascule et à colonne, avec série de poids de 30 grammes divisés	1	
Trépied pour lampe à alcool..........	1	
Tubes à essai.....................	5	
Verre gradué de 125 grammes........	1	
5° *Matériel de couchage et objets à l'usage des malades* (1).		
Couchettes.....................	5*	
Matelas (enveloppes)................	5*	Les enveloppes ne seront garnies qu'au moment de la mobilisation.
Paillasses (enveloppes).............	5*	
Oreillers (enveloppes)...............	3*	
Taies d'oreillers.................	6*	
Traversins (enveloppes).............	5*	
Couvertures { de laine grise	5*	Pourront n'être constituées qu'au moment de la mobil.
{ de coton...............	5*	
Draps de lit (toile ou coton)..........	30*	
Chemise de coton..................	20*	
Serviettes.......................	30	
Tabliers (pour infirmiers.........	20	
de service (pour médecins..	3	
Torchons de toile...................	60	
Toile cirée ou tissu imperméable pour alèzes.....................	3 mètres.	A ne constituer qu'à la mobilisation.
Assiettes en fer battu étamé, creuses.	15	
Couteaux	5*	
Cuillers en fer battu	5*	
Fourchettes en fer battu	5*	
Gobelets en fer battu étamé ou en verre......................	5*	
Pots à tisane, d'un litre, en fer battu ou en faïence	5*	
Bassin de lit en faïence..............	1	
Biberon en faïence................	1	
Crachoirs en faïence...............	2	
Seau de garde-robe inodore..........	1	
Urinal en verre	1	
Brancards avec bretelles............	5	Du modèle de l'armée.

(1) On y ajoutera les objets de literie nécessaires aux infirmiers qui coucheront à l'infirmerie.

NOTA. — Dans les infirmeries de gare de 15 lits, les objets à l'usage des malades marqués d'un astérisque seront augmentés proportionnellement au nombre de lits.

2ᵉ PARTIE. — SERVICE DE L'ALIMENTATION.

DÉSIGNATION DES OBJETS.	QUANTITÉS.	OBSERVATIONS.
1° Matériel d'alimentation.		
Assiettes... { creuses en fer battu....	200	
{ en porcelaine ou faïence.	25	Pour officiers.
Bols en porcelaine ou faïence........	25	
Brocs en fer battu de 3 litres.........	33	
Brocs en fer battu de 15 litres........	33	
Corbeilles en osier (mannettes).......	33	
Couteaux de table...................	100	
Cuillers en fer battu................	1.200	
Fourchettes en fer battu.............	100	
Gamelles en fer battu d'un litre.......	30	
Gobelets en fer battu étamé de 25 centilitres....................	200	
Gobelets en fer battu étamé de 40 centilitres......................	1.200	
Verres à boire ordinaires...........	25	Pour officiers.
2° Matériel d'exploitation.		
Balance Roberval de la portée de 5 kilogrammes......................	1	
Baquet cerclé en fer (pour charbon)..	1	
Bidons de pétrole de 5 litres.........	2	
Boîtes en fer-blanc de 35 centimètres pour 4 kilogr. de café en poudre.	3	
Bougeoirs.........................	3	
Bouillotte de 2 litres...............	1	
Brûloir à café pour 2 kilogrammes...	1	
Casseroles en fer battu étamé, avec couvercles { de 3 litres..............	1	
{ de 5 litres..............	1	
{ de 10 litres.............	1	
Couteaux de cuisine { petit.................	1	
{ moyen................	1	
Cuillers en fer battu { de 50 centilitres........	6	
{ à ragoût..............	1	
Cuvette et pot à eau................	1	
Cuvier pour lavage (de 1 mètre de diamètre)........................	1	
Écumoire en fer battu étamé........	1	
Entonnoir en fer battu, de 75 centilit..	1	
Fanions tricolores.................	2	
Fanions de neutralité..............	2	
Foyers pour marmites { de 50 litres.............	1	Ces foyers peuvent être remplacés par des fourneaux en maçonnerie ou des trépieds, si le sol le permet. Ils ne seront pas constitués si les locaux mis à la disposition de l'infirmerie de gare sont pourvus de moyens de chauffage suffisants.
{ de 100 et 150 litres......	4	

DÉSIGNATION DES OBJETS.	QUANTITÉS.	OBSERVATIONS.
2° *Matériel d'exploitation* (suite).		
Fourchette de cuisine en fer battu étamé (moyenne)...............	1	
Hachette pour le bois..............	1	
Lampes à main......................	3	
Lanternes-appliques avec réflecteurs.	2	
Marteau...........................	1	
Marmites en fer battu étamé avec couvercles — de 50 litres...........	1	
— de 100 litres............	2	
— de 150 litres...........	2	
Marmites avec filtres pour le café — de 15 litres...........	2	
— de 30 litres...........	1	
Mesure de 600 grammes, pour café en poudre........................	1	Pour 15 litres de café
Moulin à café pour 500 grammes.....	2	
Objets de bureau....................	»	Pour mémoire.
Pelles — à feu pour fourneau....	1	
— à main pour charbon...	1	
Pincettes pour fourneau.............	1	
Réchaud en tôle....................	1	
Scie pour le bois..................	1	
Seaux de 12 litres en zinc ou fer battu.	6	
Tamis en toile métallique de 28 centimètres.......................	1	
Terrines de 4 à 10 litres............	6	

NOTA. — En vue d'éviter à la Société de secours aux blessés de trop grosses dépenses de première mise, le matériel prévu par la précédente instruction sera conservé; mais les remplacements ultérieurs ou les créations nouvelles d'infirmerie de gare seront effectués d'après les indications des tableaux ci-dessus.

Il a paru inutile de comprendre dans cette nomenclature les objets mobiliers autres que les objets de couchage, tels que : armoires, tables, chaises, bancs fourneau de cuisine, etc., qui entrent nécessairement dans la constitution du matériel des infirmeries de gare, comme dans celle de tout établissement sanitaire.

NOTES.

NOTE N° 1

Instruction sur la marche à suivre pour accréditer, dès le temps de paix, auprès des compagnies de chemins de fer, les membres de la Société française de secours aux blessés, désignés comme médecins chefs ou adjoints des infirmeries de gare.

I. Le délégué régional de la Société de secours aux blessés adresse au directeur du service de santé de la région les noms des membres de cette Société qui sont présentés par le conseil supérieur, pour être médecins chefs ou adjoints des infirmeries de gare.

II. Le directeur du service de santé transmet, avec son avis, l'état de proposition des médecins, chefs ou adjoints d'infirmerie de gare au général commandant le corps d'armée (ou gouvernement militaire), qui l'adresse, avec ses observations, au Ministre (7° Direction; Cabinet).

III. Le Ministre (7° Direction) nomme le chef de l'infirmerie de gare et son adjoint, leur fait parvenir leur lettre de service par l'intermédiaire du délégué régional, et donne avis de ces nominations au Président de la Société de secours aux blessés.

IV. Le Ministre de la guerre (Etat-major de l'armée, 4° Bureau) notifie les nominations aux compagnies de chemins de fer intéressées. Ces nominations sont indiquées sur les états trimestriels portant mutation du personnel du service des chemins de fer, qui sont adressés au Ministre de la guerre (Etat-major de l'armée, 4° Bureau).

V. La compagnie de chemins de fer donne avis à l'inspecteur principal (1) de l'arrondissement où doit fonctionner l'infirmerie de gare.

---

(1) NOTA. — Sur le réseau de l'Etat, ce fonctionnaire porte le titre d'ingénieur principal chef d'arrondissement.

VI. Lorsque le médecin chef d'une infirmerie de gare veut obtenir l'autorisation de visiter les locaux qui doivent lui être affectés en cas de mobilisation, il s'adresse à l'inspecteur principal auprès duquel il a été accrédité.

VII. L'inspecteur principal donne les ordres nécessaires pour faciliter les visites des locaux, et fait connaître au médecin le jour et l'heure où il pourra se présenter à la gare. Celui-ci peut être accompagné de l'administrateur de l'infirmerie de gare.

VIII. Il demeure entendu que les médecins chefs des infirmeries n'ont point qualité pour s'immiscer dans le service des compagnies de chemins de fer, ni présenter des observations aux chefs de gare. Les remarques et demandes qu'ils auraient à formuler doivent être adressées par la voie hiérarchique au Ministre de la guerre (7ᵉ Direction; Cabinet).

IX. Au moment de la mobilisation, les locaux destinés aux infirmeries de gare sont rendus libres et disposés par les soins des compagnies de chemins de fer, conformément aux aménagements prévus et arrêtés dès le temps de paix, et remis aux médecins chefs désignés des infirmeries de gare, le   ᵉ jour, sans avis préalable de part ni d'autre, et sans que les compagnies aient à se préoccuper d'aucun détail d'installation étranger à la livraison des locaux en l'état prévu à la consigne de l'infirmerie de gare.

X. Pour le service intérieur de la gare et l'exécution des consignes militaires et techniques, le médecin chef de l'infirmerie de gare devra se conformer aux ordres donnés par le commissaire militaire et aux instructions du commissaire technique.

NOTE N° 2.

Décès et successions.

----

a) Formalités à remplir en cas de décès.

Si un malade succombe à l'infirmerie :

1° Une dépêche télégraphique (modèle J) est adressée sur-le-champ au maire de la commune des parents du militaire décédé;

2° La déclaration du décès (modèle K) est faite dans les vingt-quatre heures à l'officier de l'état civil (1);

3° Un bulletin de sortie (modèle L) est établi en double expédition et envoyé au commissaire militaire de gare et au corps ;

4° Le décès est inscrit sur le registre des décès (modèle M) avec l'indication de la maladie ou de la blessure qui a causé la mort. Cette indication est mentionnée également au registre des entrées (colonne 17) et signée par le médecin chef.

5° Deux extraits (modèle N) du registre des décès, certifiés par le médecin chef de l'infirmerie, sont envoyés par le même courrier et sans aucun retard : le premier, sur lequel on n'indiquera pas la cause du décès, au maire de la commune du dernier domicile du décédé; le second sur lequel on indiquera la cause du décès en conformité de la nomenclature de la statistique médicale de l'armée :

au directeur régional du service de santé dans la zone de l'intérieur et dans la zone de l'arrière en deçà des zones des étapes;

au Ministre de la guerre (Bureau des Archives) dans la zone des étapes d'une armée.

Si le militaire décédé est né hors de France, ou si sa famille est à l'étranger, le premier extrait est adressé, avec une lettre d'envoi, au Ministre de la guerre (Bureau des Archives) pour être transmis au Ministre des affaires étrangères.

----

(1) Dans la zone des armées, les fonctions d'officier de l'état civil, pour la constatation des décès des militaires soignés ou employés dans une infirmerie de gare non gérée par le service de santé, sont remplies par le sous-intendant militaire ou, à défaut, par le commandant d'étapes du ressort dans lequel fonctionne cette infirmerie. (Instruction relative à l'exécution des dispositions du Code civil.)

b) Successions.

Le carnet des successions et des effets ou armes en dépôt (modèle C) relate dans des chapitres distincts :

1º Les objets, papiers et valeurs dépendant de chaque succession et appartenant aux héritiers;

2º Le compte numérique des effets du service de l'habillement et du campement en dépôt;

3º Le compte numérique des armes en dépôt;

4º Les papiers et valeurs appartenant à l'État, à remettre au commandement.

L'administrateur de l'infirmerie de gare établit, en double expédition, le bordereau (modèle O) des sommes laissées par les décédés; il en verse le montant, au nom des successions, entre les mains du payeur (1), au titre de la Caisse des dépôts et consignations, et retire pour chaque succession un récépissé distinct de ces versements.

Les mandats ou bons de poste sont remis au payeur (2) sur un état (modèle P) au bas duquel il donne le récépissé.

Les effets, après avoir été désinfectés, les papiers, les valeurs, les récépissés de numéraire, les récépissés de mandats ou bons de poste, etc., sont emballés séparément pour chaque succession et expédiés par la voie la plus sûre et la plus directe au bureau de comptabilité et de renseignements. Chaque envoi est accompagné d'un relevé des successions (modèle Q) établi en double expédition, dont l'une est renvoyée à l'administrateur de l'infirmerie de gare expéditeur, avec la mention de la prise en charge.

Le bureau de comptabilité et de renseignements liquide chaque succession, en se conformant au règlement sur le service de santé à l'intérieur.

Les effets du service de l'habillement et du campement, dont l'établissement se trouve dépositaire par suite de décès ou autres causes, sont versés, après désinfection, dans le magasin du service de l'habillement le plus proche, désigné par le service de l'intendance.

Les armes sont versées au service de l'artillerie.

Les versements en armes sont justifiés numériquement par le récépissé des parties prenantes, au bas des factures de livraison ou d'expédition.

---

(1) Trésorier-payeur général ou son représentant, dans la zone de l'intérieur.

(2) Receveur des postes dans la zone de l'intérieur.

MODÈLES

NOMENCLATURE DES RÈGLEMENTS, REGISTRES ET IMPRIMÉS NÉCESSAIRES A CHAQUE INFIRMERIE DE GARE.

1° RÈGLEMENTS.

NATURE.	NOMBRE.	OBSERVATIONS.
Règlement sur le service de santé à l'intérieur....	1	
Règlement sur le service de santé en campagne..	1	
Formulaire pharmaceutique	1	
Ecole de l'infirmier militaire (1re et 2e parties)......	1	
Ecole de l'infirmier militaire (3e partie)	1	
Instruction sur l'alimentation pendant les transports en chemin de fer et sur l'organisation et le fonctionnement des stations haltes-repas	1	
Instr. sur le fonctionnement des infirmeries de gare.	2	

2° REGISTRES ET IMPRIMÉS.

MODÈLES.	NATURE.	N° correspondant dans la nomenclature générale des imprimés du ministère de la guerre.	NOMBRE.	OBSERVATIONS.
A	Registre des entrées	225 K	1	(1) Modèle J de l'instruction sur le fonctionnement des haltes-repas (vol. 97-E).
B	Registre des dépôts	230 B	1	
B'	Reçu de dépôt.......................	230 C	100	
C	Carnet des successions................	388 C	1	
D	Etat nominatif des mutations.........	385 F	50	(2) Variable suivant les infirmeries.
E	Situation-rapport....................	385 E	300	
F	Compte trimestriel en journées.......	393 A	5	
G	Carnet à souche des bons de repas...	(1)	(2)	(3) Modèle spécial aux infirmeries de gare.
H	Facture décomptée....................	393	6	
I	Relevé décompté.....................	(3)	6	
J	Avis télégraphique d'un décès........	225 E	20	
K	Déclaration de décès	225 F	20	
L	Bulletin de sortie....................	223	40	
M	Registre des décès....................	225 G	1	
N	Extrait du registre des décès	225 H	40	
O	Bordereau des sommes laissées par le décédé.............................	388 D	20	
P	Etat des mandats ou bons de poste laissés par le décédé...............	230 F	20	
Q	Relevé des successions................	388 F	20	
»	Billet d'hôpital.......................	221 D	50	
»	Certificat de visite pour l'admission d'urgence...........................	221 E	10	

Les règlements, registres et imprimés, dont la nomenclature est ci-dessus, sont fournis à la Société de secours aux blessés par l'administration de la Guerre. Il appartient à la Société de modifier, conformément aux modèles ci-joints les inscriptions portées sur les divers registres ou imprimés.

Tous les registres doivent être cotés et paraphés par le directeur du service de santé de la région.

SERVICE DE SANTÉ

MODÈLE A.

Art. 19 de l'Instruction.

Société de secours aux blessés militaires des armées de terre et de mer.

INFIRMERIE DE GARE D (1)

REGISTRE

DES ENTRÉES DES MALADES.

Le présent registre, contenant   feuillets, celui-ci et le dernier compris,
a été coté et paraphé par nous, Directeur du service de santé de la   e région.

INSTRUCTION.

Le registre des entrées reçoit l'inscription successive de tous les malades entrants, dans leur ordre d'admission et sans distinction de grade
ni de corps; les décès y sont relatés.

Si le malade a de l'argent, des bijoux ou autres valeurs, il doit en
faire la déclaration à l'administrateur chargé du bureau des entrées.
Quand le malade n'a rien à déposer, mention en est faite au présent registre (col. 15); cette mention est signée par le malade ou par deux témoins lorsque l'intéressé ne peut ou ne sait signer.

Ce registre est tenu sans intercalations ni surcharges; il est complété
par un répertoire destiné à l'inscription des malades non catholiques;
ceux de ces malades restant en traitement au moment de la clôture du
présent registre sont reportés sur le registre subséquent jusqu'à leur
sortie de l'hôpital.

Le registre des entrées se ferme par une table alphabétique qui doit
être tenue *constamment à jour.*

NUMÉROS			DÉSIGNATION.	NOMS	GRADES.	GENRE	SALLE.	NUMÉRO DU LIT.	de l'entrée.
d'ordre.	du registre des dépôts.	matricule.	1° Du corps. 2° De la compagnie, batterie ou escadron.	(en gros caractères) ET PRÉNOMS.		DE MALADE.			
1	2	3	4	5	6	7	8	9	10
			compagnie, batterie ou escadron.						

DATES		NATURE	PLAQUE D'IDENTITÉ	DÉCLARATION	ADRESSE	OBSERVATIONS
de la sortie.	du décès.	de la sortie. (A)	des sous-officiers et soldats 1° Classe de recrutement. 2° Subdivision de région. 3° Département.	et émargement des malades n'ayant rien à déposer lors de leur entrée à l'hôpital.	des malades ou dernier domicile des parents. 1° Commune. 2° Canton. 3° Département.	(A) On indiquera par l'une des lettres G, C, R, E ou O les sorties après guérison, par convalescence, par réforme, par évacuation ou pour ordre.
11	12	13	14	15	16	17
					1°	
					2°	
					3°	

RÉPERTOIRE DESTINÉ A L'INSCRIPTION

I. — *Ministres des cultes non catholiques autorisés à visiter les malades.*

NOMS et PRÉNOMS	QUALITÉS	DÉSIGNATION de l'autorité qui a délivré le permis de visiter. — Date de l'autorisation.	DOMICILE.	OBSERVATIONS.
		PROTESTANTS (LUTHÉRIENS).		
		PROTESTANTS (CALVINISTES).		
		ISRAÉLITES.		
		MUSULMANS.		

DES MILITAIRES NON CATHOLIQUES.

II. — *Inscription des militaires non catholiques.*

N° au registre des entrées	NOMS.	DÉSIGNATION par le chiffre des				INDICATION			N° au registre des entrées	NOMS.	DÉSIGNATION par le chiffre des				INDICATION		
		protestants		israélites.	musulmans.	de la division.	de la salle.	du n° du lit.			protestants		israélites.	musulmans.	de la division.	de la salle.	du n° du lit.
		luthériens	calvinistes								luthériens	calvinistes					

TABLE ALPHABÉTIQUE.

NOMS.	NUMÉROS des pages	NOMS.	NUMÉROS des pages.	NOMS	NUMÉROS des pages.

° RÉGION.

(1) Désigner l'établisse-
ment.

SERVICE DE SANTÉ.

MODÈLE B.
—
Art. 21
de l'instruction.

**Société de secours aux blessés militaires des armées
de terre et de mer.**

INFIRMERIE DE GARE D (1)

REGISTRE DES DÉPOTS.

Le présent registre contenant   feuillets, celui-ci et le dernier
compris, a été coté et paraphé par nous, Directeur du service de
santé de la   ° région.

A   , le   19 .

INSTRUCTION.

1° Si le malade entrant à l'infirmerie a de l'argent, des bijoux ou d'autres
valeurs, il doit en faire la déclaration à l'administrateur, qui les inscrit
sur le registre des dépôts et en délivre immédiatement au malade un reçu
particulier (modèle B¹) signé par l'administrateur;

2° Quand le malade n'a rien à déposer, mention en est faite au registre
des entrées (modèle A). Cette déclaration est signée par le malade, ou
par deux témoins, lorsque celui-ci ne peut ou ne sait signer;

3° Si le malade reçoit des valeurs pendant son séjour à l'infirmerie, il
doit en effectuer immédiatement le dépôt;

4° Les acomptes successifs sur l'argent déposé qui peuvent être remis
à un malade, conformément aux dispositions du règlement sur le service
de santé à l'intérieur, sont inscrits sur le présent registre, ainsi que sur
le reçu particulier; le malade signe en regard de chaque inscription. Toutefois, si le déposant appartient à la catégorie des contagieux, le récépissé
des acomptes ainsi délivrés est signé, sur le registre des dépôts, par
l'infirmier-major, qui demeure chargé d'en faire immédiatement la remise
à l'intéressé;

5° Lors de la sortie, les valeurs sont rendues au malade, qui en donne
décharge sur le registre des dépôts et rend le reçu;

6° En cas de décès, on fait connaître le numéro d'ordre du registre des
successions où le dépôt a été reporté.

NUMÉROS		NOMS	GRA-	DÉSIGNATION		DATES			
d'ordre.	du registre des entrées.	(en gros caractères) ET PRÉNOMS.	DES.	du corps ou service	de la compagnie, batterie ou escadron.	de l'entrée à l'infirmerie.	des dépôts.	de la sortie de l'infirmerie.	des décès.
1	2	3	4	5	6	7	8	9	10

DÉTAIL DES DÉPOTS EFFECTUÉS	ÉMAR-GEMENT de L'ADMINIS-TRATEUR.	DATE de LA REMISE des dépôts ou acomptes.	REÇU DES ACOMPTES ou DES DÉPÔTS ou destination qui a été donnée à ces derniers.
11	12	13	14

N° du registre
des dépôts.

SERVICE DE SANTÉ.

Modèle B¹

Article 21
de l'instruction.

Société de secours aux blessés militaires des armées de terre et de mer.

(1) Désigner l'établissement.
(2) Grade, nom, prénoms, corps ou service.

INFIRMERIE DE GARE D (1)

Reçu en dépôt d (2)

DATE	INDICATION DE LA NATURE DES DÉPOTS.			ÉMARGEMENT	REMISE DES ACOMPTES.		
DES DÉPOTS successifs.	ARGENT.	VALEURS ou bijoux.	OBJETS DIVERS.	de L'ADMINISTRATEUR.	DATE	MONTANT des acomptes.	ÉMARGEMENT du malade.

<table>
<tr><td>ᵉ Région.</td><td>Année 19 .</td><td>Modèle C.</td></tr>
</table>

ᵉ Région.

Année 19 .

Modèle C.
Art. 25 de l'instruc-
tion et note nº 2.

(1) Désigner l'établisse-
ment.

SERVICE DE SANTÉ.

Société de secours aux blessés militaires des armées de terre et de mer.

Infirmerie de gare D (1)

M.   administrateur.

CARNET DES SUCCESSIONS ET DES EFFETS OU ARMES EN DÉPOT.

Le présent carnet, contenant   feuillets, celui-ci et le dernier compris, a été coté et paraphé par nous, Directeur du service de santé de la   ᵉ région.

A   , le   19 .

INSTRUCTION.

Le carnet des successions est divisé en quatre chapitres distincts comprenant :

1º Les objets, papiers et valeurs dépendant des successions et appartenant aux héritiers ;

2º Les objets du service de l'habillement et du campement en dépôt ;

3º Les armes en dépôt ;

4º Les papiers et valeurs appartenant à l'Etat, à remettre au commandement.

L'administrateur établit en double expédition le bordereau des sommes laissées par les décédés ; il en verse le montant au nom des successions entre les mains du payeur (1), au titre de la Caisse des dépôts et consignations, et retire pour chaque succession un récépissé distinct de ces versements. Les mandats ou bons de poste sont remis au payeur (2) accompagnés d'un état (modèle P) au bas duquel il donne un récépissé.

Les effets, après avoir été désinfectés, les papiers, les valeurs, les récépissés de numéraire, les récépissés de mandats ou de bons de poste, etc., sont emballés séparément pour chaque succession et expédiés par la voie la plus sûre et la plus directe au bureau de comptabilité et de renseignements. Chaque envoi est accompagné d'un relevé des successions (modèle Q) établi en double expédition, dont l'une est renvoyée à l'expéditeur avec la mention de la prise en charge.

Les effets du service de l'habillement et du campement sont versés, après désinfection, dans le magasin du service de l'habillement le plus proche désigné par le service de l'intendance.

Les armes sont versées au service de l'artillerie.

Les versements d'effets ou d'armes sont justifiés par des factures de livraisons numériques.

---

(1) Trésorier-payeur général ou son représentant, dans la zone de l'intérieur.
(2) Receveur des postes, dans la zone de l'intérieur.

CHAPITRE Ier. — *Successions. Enregistrement des*

NUMÉROS			DÉSIGNATION des corps.	Numéros des compagnies, batteries ou escadrons.	NOMS et PRÉNOMS.	GRADES.	DATES	
du registre des décès.	du registre des entrées.	du registre matricule.					de l'entrée à l'infirmerie.	du décès.

objets, papiers et valeurs appartenant aux héritiers.

DÉTAIL DES OBJETS, PAPIERS ET VALEURS LAISSÉS. (Ne porter ici aucun objet appartenant à l'État.)	DATES			OBSERVATIONS. — (Indiquer dans cette colonne le n° et la date du récépissé délivré par la Caisse des dépôts et consignations.)
	des versements des fonds au payeur.	de l'envoi au bureau de comptabilité et de renseignements.	du récépissé du bureau de comptabilité et de renseignements.	

ENTRÉES.

CHAPITRE II. — *Compte numérique des effets du*

DATES DES ENTRÉES.	DÉSIGNATION des corps auxquels appartiennent les effets.	HABILLEMENT.									GRAND ÉQUIPEMENT.							
		Capote.	Ceinture de flanelle.	Casque.	Pantalon de drap.	Pantalon de toile.	Tunique.	Vareuse.	Veste.	Képi.	Bretelle de fusil.	Cartouchière.	Ceinturon.	Étui de revolver.	Havresac.			
Toraux.........																		
Report des sorties.																		
Restant le																		

ENTRÉES.

service de l'habillement et du campement, en dépôt.

PETIT ÉQUIPEMENT.									CAMPEMENT.						DIVERS.		OBSERVATIONS
Bonnet de police.	Brodequins.	Bretelles.	Caleçons.	Chemises.	Cravates.	Gamelle.	Mouchoirs.	Musettes.	Bidon de 1 ou 2 litres.	Gamelle de campement.	Hachette.	Marmite.	Moulin à café.	Seau en toile.			

CHAPITRE III. — *Compte numérique des armes en dépôt.*

DATES.	PROVENANCE des ARMES.	ENTRÉES.									OBSERVATIONS.
		Fusils.	Carabines.	Revolvers.	Épées-baïonnettes.	Sabres d'adjudant.	Sabres série z.				
	Existant le										
	Totaux des entrées..										
	Report des sorties..										
	Reste le ..										

CHAPITRE III. — *Compte numérique des armes en dépôt.*

DATES.	NUMÉROS DES PIÈCES JUSTIFICATIVES.	DESTINATION DONNÉE.	SORTIES.										OBSERVATIONS.
			Fusils.	Carabines.	Revolvers.	Epées-baïonnettes.	Sabres d'adjudant.	Sabres, série z.					
		Toraux.........											

CHAPITRE IV. — *Papiers et valeurs appartenant à l'Etat, à remettre au commandement.*

DÉSIGNATION DE L'OFFICIER DÉCÉDÉ et DATE DU DÉCÈS.	DÉTAIL DES PAPIERS ET VALEURS appartenant à l'Etat.	DESTINATION DONNÉE. — Date et signataire du récépissé.	OBSERVA-TIONS.

ARRÊTÉ et CERTIFIÉ les inscriptions faites au présent carnet.

A   , le   19

L'Administrateur,

Vu :

Le Médecin chef,

° RÉGION.

SERVICE DE SANTÉ.

MODÈLE D.

Art. 42 de l'instruc-
tion.

NOTA. — Cet état est
adressé tous les cinq jours
au bureau de comptabilité
et de renseignements.

Société de secours aux blessés militaires des armées de terre et de mer.

INFIRMERIE DE GARE D (1)

ÉTAT NOMINATIF DE MUTATIONS

*des malades entrés ou sortis (2) pendant la période du
au   19 .*

NUMÉROS			DÉSIGNATION DU CORPS OU SERVICE.	NOMS.	GRADES.	DATES			OBSER- VATIONS.
du registre des entrées.	matricule.	de la compagnie, batterie ou escadron.				de l'entrée.	de la sortie.	du décès.	

A   , le   19 .

L'Administrateur,

VU :
Le Médecin chef,

[illegible]

1 Compartiment

NOTATION DE L'EX-MILITAIRE
[illegible]

[illegible]

MAIRE DE [illegible]

[illegible]

SERVICE DE SANTÉ.

MODÈLE E

Art. 43 de l'instruction.

*RÉGION.

Société de secours aux blessés militaires des armées de terre et de mer.

(1) Désigner l'établissement

INFIRMERIE DE GARE D (1)

SITUATION-RAPPORT du   au   19 .

Mouvement des malades et blessés.

DÉSIGNATION des CORPS OU SERVICES ou des formations sanitaires.	RESTANT LE MATIN.				ENTRÉS A DIVERS TITRES.				SORTIS A DIVERS TITRES.				DÉCÉDÉS.				RESTANT LE SOIR.				OBSERVATIONS
	Officiers supérieurs.	Officiers.	Sous-officiers.	Soldats.	Officiers supérieurs.	Officiers.	Sous-officiers.	Soldats.	Officiers supérieurs.	Officiers.	Sous-officiers.	Soldats.	Officiers supérieurs.	Officiers.	Sous-officiers.	Soldats.	Officiers supérieurs.	Officiers.	Sous-officiers.	Soldats.	
Totaux.....																					

RAPPORT JOURNALIER.	OBSERVATIONS SUR L'ÉTAT SANITAIRE.
Événements survenus dans les 24 heures.	Malades à évacuer. *a)* par train permanent.
Demandes et objets divers.	*b)* — improvisé.
Dépêches, notes et ordres reçus dans les 24 heures.	*c)* — ordinaire (assis).
Envois.	
Armes conservées. Fusils.............. Carabines........... Revolvers.......... Epées-baïonnettes.... Sabres d'adjudant ... Sabres série Z.......	

A   , le   19 .

L'Administrateur.

A   , le   19 .

Le Médecin chef,

Modèle 1^r.

Art. 44 de l'instruc-
tion.

Déposé cejourd'hui et
inscrit immédiatement sous
le n°   du registre spécial
d'entrée des pièces de
comptabilité.

A   , le   19   .
*Le Directeur
du service de santé,*

e Région.

e Trimestre.

(1) Désigner l'établisse-
ment.

SERVICE DE SANTÉ.

Société de secours aux blessés militaires des armées de terre et de mer.

Infirmerie de gare D (1)

COMPTE TRIMESTRIEL EN JOURNÉES

pour le   e trimestre 19   .

Nota. — Les totaux de la situation journalière des malades ou blessés, établis conformément aux dispositions du règlement sur le service de santé en campagne, sont reportés chaque jour sur le présent compte trimestriel en journées.

Ce compte est adressé en double expédition, à la fin de chaque trimestre, au délégué régional de la Société.

DATES.	RESTANT LE MATIN.				ENTRÉS A DIVERS TITRES.				SORTIS A DIVERS TITRES.				DÉCÉDÉS.				RESTANT LE SOIR.				NOMBRE de JOURNÉES DE TRAITEMENT.					NOMBRE DE REPAS distribués dans les Infirmeries de gare.	OBSERVATIONS.
	Officiers supérieurs.	Officiers.	Sous-officiers.	Soldats.	Officiers supérieurs.	Officiers.	Sous-officiers.	Soldats.	Officiers supérieurs.	Officiers.	Sous-officiers.	Soldats.	Officiers supérieurs.	Officiers.	Sous-officiers.	Soldats.	Officiers supérieurs.	Officiers.	Sous-officiers.	Soldats.	Officiers supérieurs.	Officiers.	Sous-officiers.	Soldats.	TOTAL.		
1																											
2																											
3																											
4																											
5																											
6																											
7																											
8																											
9																											
10																											
11																											
12																											
13																											
14																											
15																											
16																											
17																											
18																											
19																											
20																											
21																											
22																											
23																											
24																											
25																											
26																											
27																											
28																											
29																											
30																											
31																											
Totaux....																											
Totaux généraux.....																											

A   , le   19

L'Administrateur,

CERTIFIÉ VÉRITABLE :

A   , le   19

Le Délégué,

VU, VÉRIFIÉ ET ARRÊTÉ

A   , le   19

Le Directeur du service de santé,

e RÉGION.

MODÈLE G.

SERVICE DE SANTÉ.

Art. 45 de l'instruction.

**Société de secours aux blessés militaires
des armées de terre et de mer.**

ALIMENTATION DES TROUPES PENDANT LES TRANSPORTS EN CHEMINS DE FER

• CORPS D ARMÉE

INFIRMERIE DE GARE D

CARNET

des bons de distribution d'aliments délivrés par l'infirmerie de gare.

Nº		ARMÉE D
		ᵉ CORPS D'ARMÉE.

Nº du train d'évacuation :

Nom et grade du commandant de l'évacuation.

DÉSIGNATION des FOURNITURES.	QUANTITÉS DISTRIBUÉES.
Repas administratif........	
Pain..........	

Le

Nº		ARMÉE D
		ᵉ CORPS D'ARMÉE.

Nº du train d'évacuation :

Nom et grade du commandant de l'évacuation

DÉSIGNATION des FOURNITURES.	QUANTITÉS DISTRIBUÉES.	
	en chiffres	en toutes lettres.
Repas administratif.......		
Pain.........		

Infirmerie de gare de   , le   19 .

Le (1)

(1) Le   comptable, *ou* médecin chef de l'évacuation, *ou* commissaire militaire de la gare.

o RÉGION.

MODÈLE 11.

Art. 48 de l'instruction.

SERVICE DE SANTÉ.

Déposé cejourd'hui et inscrit immédiatement sous le n° du registre spécial d'entrée des pièces de comptabilité.

A   , le   19 .

Le Directeur du service de santé,

Société de secours aux blessés militaires des armées de terre et de mer.

FACTURE DÉCOMPTÉE des journées de traitement pendant le   o trimestre 19 .

NUMÉROS d'ordre.	DÉSIGNATION		NOMBRE			OBSERVATIONS.
	DES VILLES.	des ÉTABLISSE-MENTS.	de JOURNÉES de traite-ment.	de REPAS DISTRIBUÉS dans les		
				Infirme-ries de gare.		
A REPORTER........						

NOTA. — L'indemnité fixe de 1 franc par jour, allouée pour chaque journée de malade ou blessé traité à l'infirmerie, n'est pas due pour le jour de la sortie par guérison ou évacuation; elle est, au contraire, allouée pour le jour du décès.

RÉCAPITULATION.

DÉSIGNATION.	QUAN-TITÉS.	PRIX.	MONTANT	OBSERVATIONS.
Journées de traitement..........				
Repas distribués dans les { infirmeries de gare..........				
Montant total..........				

Certifié véritable la présente facture s'élevant à la somme de

A   , le   19 .
Le Délégué,

PAYEMENTS.

La facture s'élève à la somme de

Il a été payé par acomptes suivant les mandats)
dont le détail suit :
 A   , le   n°
 A   , le   n°

Reste à ordonnancer pour solde

Vu, vérifié et arrêté la présente facture s'élevant à la somme
de
de laquelle, déduisant les acomptes détaillés ci-dessus, il reste à
payer la somme de
laquelle a été mandatée ce jour, sous le n°

A   , le   19 .
Le Directeur du service de santé,

o RÉGION.

MODÈLE I.

Art. 49 de l'instruc-
tion.

SERVICE DE SANTÉ.

Déposé cejourd'hui et
inscrit immédiatement sous
le n°   du registre spécial
d'entrée des pièces do
comptabilité.

A   , le   19 .

*Le Directeur
du service de santé,*

Société de secours aux blessés militaires
des armées de terre et de mer.

*RELEVÉ DÉCOMPTÉ des journées de traitement pour le mois
d   19   .*

NUMÉROS D'ORDRE.	DÉSIGNATION		NOMBRE			OBSERVA-TIONS.
	DES VILLES.	des ÉTABLISSEMENTS.	de JOURNÉES de traitement.	de REPAS DISTRIBUÉS dans les	infirmeries de gare.	
	A REPORTER...					

NOTA. — Des acomptes mensuels sur les indemnités dues aux Sociétés
d'assistance peuvent être ordonnancés sur la production du présent relevé
décompté. Les acomptes ainsi autorisés sont limités aux 5/6es des sommes
dues à la fin de chacun des deux premiers mois du trimestre.

RÉCAPITULATION.

DÉSIGNATION.	QUANTI-TÉS.	PRIX.	MONTANT.	OBSERVATIONS.
Journées de traitement..........				
Repas distribués dans les { infirmeries de gare..				
MONTANT TOTAL......				

CERTIFIÉ véritable le présent relevé s'élevant à la somme de :

A   , le   19   .

Le Délégué,

VU ET VÉRIFIÉ :

Le Directeur du service de santé.

• RÉGION.

SERVICE DE SANTÉ.

MODÈLE J.

Note n° 2
annexé à l'instruction

(1) Désigner l'établisse-
ment.

**Société de secours aux blessés militaires des armées
de terre et de mer.**

INFIRMERIE DE GARE D (1)

AVIS TÉLÉGRAPHIQUE D'UN DÉCÈS.

Maire (1)
(2)
décédé infirmerie gare (3)
Inhumation (4)　　　　　　　heure (5)
　Informez famille.

　　　　　　　(6)

(1) Indiquer la commune et le département sans article.
(2) Nom, prénoms, grade et corps ou établissement auquel appartient
le militaire décédé.
(3) Indiquer l'établissement sans article. — Indiquer la date sans
mettre l'article le et supprimer le millésime.
(4) Date sans article et sans millésime.
(5) Sans article.
(6) Nom de l'expéditeur.

SERVICE DE SANTÉ.

MODÈLE K.

● RÉGION.

Mois d   19 .

Nº   du registre des décès, tenu à l'infirmerie.

(1) Désigner le grade et la qualité.

(2) Prénoms, nom (*en gros caractères*), grade, corps, compagnie, batterie ou escadron, et numéro matricule.

(3 Indiquer la cause du décès s'il est survenu à la suite de blessures reçues sur le champ de bataille ou dans un service commandé.

Société de secours aux blessés militaires des armées de terre et de mer.

INFIRMERIE DE GARE D (A)

Je soussigné (1)   , administrateur de l'infirmerie de gare d
pour me conformer aux dispositions de l'article 80 du Code civil, qui détermine le mode de constater l'état civil des citoyens, déclare   officier public, chargé de recevoir les actes de naissance, mariage et décès, que (2)

fils d   et d   , né le
à   canton d   département d
entré à ladite infirmerie le   du mois d   y est mort cejourd'hui à   heures du   , par suite d (3)
                    A   , le   mil

Le Médecin traitant,   *L'Administrateur,*

VU :
Le Médecin chef,

(A) Désigner l'établissement.

NOTA. — Conformément aux dispositions de l'article 80 du Code civil et à celles du règlement sur le service de santé, on doit adresser cette déclaration dans les *vingt-quatre heures* à l'officier de l'état civil. Toutes les indications doivent être soigneusement remplies; la date de l'entrée du malade à l'infirmerie et celle de la mort seront inscrites en toutes lettres.

Cette déclaration sera certifiée par le médecin traitant et par l'administrateur.

e RÉGION

SERVICE DE SANTÉ.

MODÈLE L.

INFIRMERIE DE GARE

d

Société de secours aux blessés militaires des armées de terre et de mer.

Note n° 2
annexée à l'instruc-
tion.

BULLETIN de sortie de l'infirmerie de gare d   des militaires et marins.

Avis donné en exécution des dispositions du règlement sur le service de santé.

NUMÉRO MATRICULE.	NOM ET PRÉNOMS du MILITAIRE.	GRADE.	DÉSIGNATION		POSITION du MILITAIRE.	DÉSIGNATION de la maladie.	DATE (en toutes lettres)		OBSER-VATIONS.
			du corps.	de la compagnie, de la batterie ou de l'escadron.			de l'entrée à l'infirmerie.	de la sortie par décès de l'infirmerie.	

VU ET TRANSMIS au

A   , le   19 .

Le Médecin chef,

CERTIFIÉ VÉRITABLE :

A   , le   19 .

L'Administrateur,

MODÈLE M.

Note nᵒ 2
annexée à l'instruc-
tion.

SERVICE DE SANTÉ.

**Société de secours aux blessés militaires des armées
de terre et de mer.**

INFIRMERIE DE GARE D (1)

REGISTRE DES DÉCÈS.

Le présent registre, contenant   feuillets, celui-ci et le dernier compris, a été coté et paraphé par nous, Directeur du service
de santé de la   ᵒ région.

A   , le   19 .

INSTRUCTION.

Aussitôt après la déclaration faite à l'officier de l'état-civil, l'administrateur inscrit le décès sur le présent registre. Ce registre doit contenir les
mêmes indications que celles portées dans la déclaration de décès, et recevoir une annotation signée du médecin traitant relative à la nature de
la maladie ou de la blessure ayant occasionné la mort. Lorsque le décédé
est mort des suites de blessures reçues sur le champ de bataille ou dans
un service commandé, il en est fait mention spéciale par le médecin
traitant.

L'administrateur inscrit sur le présent registre les militaires décédés au
dehors et transportés à titre de dépôt à l'infirmerie de gare.

NOTA. — Ce registre se ferme par une table alphabétique et doit être tenu
avec la plus scrupuleuse exactitude.

NUMÉROS			DÉSIGNATION		NOMS et PRÉNOMS.	GRADES.	DATE de la NAISSANCE.
d'ordre.	du registre d'entrée à l'infirmerie.	de la matricule du corps.	du corps.	de la compagnie, de la batterie ou de l'escadron.			

LIEUX DE NAISSANCE CANTONS et départements.	NOMS ET DOMICILES DES PÈRES ET MÈRES des militaires décédés.	DATE		1° Genre des maladies ou blessures. 2° Emargement du médecin traitant.	OBSERVATIONS
		de l'entrée à l'infirmerie.	et heure de la mort.		
Né à canton d département d	Fils d et d domiciliés à canton d département d Marié à domiciliée à canton d département d			*Le Médecin traitant,*	
Né à canton d département d	Fils d et d domiciliés à canton d département d Marié à domiciliée à canton d département d			*Le Médecin traitant.*	
Né à canton d département d	Fils d et d domiciliés à canton d département d Marié à domiciliée à canton d département d			*Le Médecin traitant,*	

TABLE ALPHABÉTIQUE.					
NOMS ET PRÉNOMS.	NUMÉROS		NOMS ET PRÉNOMS.	NUMÉROS	
	D'ORDRE.	DU FEUILLET		D'ORDRE.	DU FEUILLET

*e RÉGION

Nº d'ordre
du registre des décès.

(1) Désigner l'établisse-
ment.
(2) Nom, prénoms et
fonctions.
(3) Prénoms, nom (en
gros caractères), grade,
corps, compagnie, batte-
rie ou escadron.
(4) Numéro matricule.
(5) Nom et prénoms de
la femme.
(6) A ladite infirmerie.
(7) Sur l'extrait destiné
au Ministre de la guerre,
on devra indiquer le genre
de maladie ou de blessure,
ainsi que la date d'entrée
à l'infirmerie de gare.
Il est formellement in-
terdit de porter cette mention sur les extraits adressés, par l'intermédiaire du
Ministre de la guerre, au
Ministre des affaires étrangères.

N. B. — On recommande
la plus grande exactitude
dans les actes de décès.
Les noms et prénoms des
décédés doivent être re-
cueillis avec attention,
ainsi que les lieux de naissance, cantons et départe-
ments, les dénominations
et numéros des corps, es-
cadrons, batteries et compagnies; et le tout doit être
écrit lisiblement et dans
l'ordre indiqué. Les dates
seront toujours *en toutes
lettres*.

MODÈLE N.

Note nº 2
annexée à l'instruc-
tion.

SERVICE DE SANTÉ.

Société de secours aux blessés militaires des armées de terre et de mer.

Infirmerie de gare d (1)

EXTRAIT DU REGISTRE DES DÉCÈS
(Délivré à titre de simple renseignement.)

Nous soussigné (2)
de l'infirmerie de gare d
certifions qu'il résulte du registre des décès de ladite infirmerie que (3)

immatriculé sous le numéro (4)
né le   à   canton d
département d   fils d
et d   domiciliés à
canton d   département d
marié à (5)   domiciliée à
canton d   département d
est décédé (6)   le   à   heure
du   (7)

Fait à   , le   19 .

L'Administrateur,

Nous, médecin chef dudit établissement, certifions
que la signature ci-dessus est celle de M.
susqualifié, et que foi doit y être ajoutée.

Fait à   , le   19 .

Nota. — Le présent extrait a été établi en double expédition, dont une a
été adressée à M. le maire de la commune de   , canton
de   , département de   , le   19 ,
et l'autre à M. le Ministre de la guerre (Bureau des Archives).

ᵉ RÉGION.

(1) Désigner l'établisse-
ment.
(2) Trésorier-payeur ou
son représentant dans la
zone de l'intérieur.

SERVICE DE SANTÉ.

MODÈLE O.

Note n° 2
annexée à l'instruc-
tion.

Société de secours aux blessés militaires des armées de terre et de mer.

INFIRMERIE DE GARE D (1)

BORDEREAU des sommes laissées par les dénommés ci-dessous, et dont le montant a été versé au payeur (2) au titre de la Caisse des dépôts et consignations.

NUMÉROS			CORPS ou ÉTABLISSEMENT auquel ils appartiennent.	NUMÉRO de la compagnie, batterie ou escadron.	NOMS et PRÉNOMS.	GRADES.	DATE du DÉCÈS.	MONTANT des sommes versées.	OBSERVA-TIONS.
du registre des décès.	du registre des entrées.	du registre matricule.							
							A reporter......		

NOTA. — Le bordereau revêtu du récépissé du payeur (2), accompagné des récépissés à talon délivrés au titre de la Caisse des dépôts et consignations et des récépissés des mandats ou bons de poste, est adressé au bureau de comptabilité et de renseignements avec les effets ou objets appartenant aux héritiers, et les relevés des successions.

Il est établi des bordereaux ditincts pour la marine et chaque ministère.

NUMÉROS			CORPS ou ÉTABLISSEMENT auquel ils appartiennent.	NUMÉRO de la compagnie, batterie ou escadron.	NOMS et PRÉNOMS.	GRADES.	DATE du DÉCÈS.	MONTANT des sommes versées.	OBSERVATIONS.
du registre des décès.	du registre des entrées.	du registre matricule.							
							Report......		
							Total.........		

CERTIFIÉ le présent bordereau à la somme de
            dont le montant a été versé
à la Caisse des dépôts et consignations.

          A   , le   19 .

            L'Administrateur,

       Vu :

Le Médecin chef,

Le Payeur (2) soussigné déclare avoir reçu la somme de
            , montant du bordereau
ci-dessus et avoir délivré un récépissé à talon nº   en date de
ce jour.

          A   , le   19 .

<table>
<tr><td>

ᵉ RÉGION.

Nᵒ   du registre
des successions.
</td><td>

SERVICE DE SANTÉ
</td><td>

MODÈLE P.

Note nᵒ 2
annexée à l'instruc-
tion.

(1) Désigner l'établisse-
ment.
(2) Grade, nom, prénoms,
corps ou service.
(3) Payeur ou receveur
des postes.
</td></tr>
</table>

**Société de secours aux blessés militaires
des armées de terre et de mer.**

INFIRMERIE DE GARE D (1)

RÉCÉPISSÉ.

ÉTAT des mandats ou bons de poste laissés par (2)
*décédé le   19   , lesdits mandats ou bons remis
au* (3)

NUMÉROS des mandats ou bons.	DATES des mandats ou bons.	BUREAU expéditeur.	DÉSIGNATION		MON- TANT.	OBSER- VATIONS.
			de l'expéditeur.	du destinataire.		
				TOTAL..		

CERTIFIÉ le présent état comprenant   bons et   mandats
s'élevant à la somme de

A   , le   19   .

L'Administrateur,

VU :
Le Médecin chef,

Le (3)   soussigné reconnaît avoir
reçu les mandats et bons de poste énumérés
ci-dessus.

A   , le   19   .

Le

° RÉGION.

SERVICE DE SANTÉ.

Modèle Q.

Note n° 2
annexée à l'instruc-
tion.

Société de secours aux blessés militaires des armées de terre et de mer.

Infirmerie de gare d (1)

RELEVÉ DE SUCCESSIONS

adressées à l'officier d'administration chargé de la liquidation des successions au bureau de comptabilité et de renseignements.

NUMÉROS du registre des décès.	NOMS ET PRÉNOMS.	GRADES	CORPS.	DATE DU DÉCÈS	DOMICILE de la veuve ou des parents. — Commune, canton, département.	DÉTAIL des PAPIERS, VALEURS ET OBJETS composant la succession.	OBSER-VATIONS

Nota. — Ce relevé est établi en double expédition ; il est adressé au bureau de comptabilité et de renseignements, accompagné des bordereaux des sommes versées au payeur, des divers récépissés et objets composant la succession. Une expédition, revêtue du récépissé de l'officier d'administration chargé de la liquidation des successions, est renvoyée à l'administrateur dans le plus bref délai.

A   , le   19   .

L'Administrateur,

Vu :

Le Médecin chef,

ENREGISTRÉ au bureau de comptabilité et de renseignements sous le n°   par l'officier d'administration chargé de liquider les successions, qui déclare avoir reçu les objets, papiers ou valeurs énoncés ci-dessus et en donner récépissé.

A   , le   19   .

L'Officier d'administration chargé du service,

Vu :

Le Chef du bureau de comptabilité et de renseignements,

TABLE DES MATIÈRES.

TITRE Ier.

DISPOSITIONS GÉNÉRALES.

TITRE II.

SERVICE MÉDICAL.

TITRE III.

ALIMENTATION.

TITRE IV.

COMPTABILITÉ.

TITRE V.

APPROVISIONNEMENTS EN MATÉRIEL ET EN DENRÉES.

NOMENCLATURE DES APPROVISIONNEMENTS ET DU MATÉRIEL D'EXPLOITATION.

NOTES.

MODÈLES.

VI. — Dispositions diverses.

Instruction sur l'alimentation des agents des compagnies des chemins de fer dans certaines gares (1).

(Direction de l'Intendance.)

Paris, le 18 août 1902 (2).

Les compagnies de chemins de fer pouvant éprouver des difficultés pour assurer à la mobilisation la nourriture de leurs agents employés dans certaines gares, l'alimentation de ces agents peut, sur la demande faite dès le temps de paix par les compagnies, être assurée par les soins de l'administration militaire, dans les conditions ci-après :

Allocations.

Il sera alloué, par jour, à chacun de ces agents, une ration de vivres composée comme il suit :

750 grammes de pain (ou 700 grammes de pain biscuité) ;
300 — de conserves de viande assaisonnées ;
21 — de sucre ;
16 — de café.

Dans les places où, à défaut de farine ou de moyens de fabrication, le pain viendrait à manquer, il sera distribué, en remplacement, 600 grammes de pain de guerre.

De même, à défaut de conserves de viande, il sera distribué une quantité équivalente de charcuterie ou de fromage.

Prix de remboursement.

Le prix de remboursement des denrées perçues sera celui fixé par le dernier tarif publié du service des subsistances.

Il sera loisible aux agents des compagnies, s'ils trouvent à se pourvoir de viande fraîche, de percevoir des rations, sans conserves de viande.

---

(1) Application de l'article 6 de l'instruction sur l'alimentation pendant les transports en chemin de fer.
(2) Mise à jour par l'incorporation dans le texte des dispositions contenues dans la circulaire du 30 avril 1909.

Mode de perception.

Chaque chef de gare intéressé devra être muni, par les soins de la compagnie, d'un registre à souche du modèle ci-après. De ce registre sera extrait, chaque jour, un bon signé du chef de gare, et indiquant le nombre de rations à percevoir, la quantité de chacune des denrées entrant dans la composition des rations, et le montant en argent.

Ce bon sera remis à l'officier gestionnaire ou à l'entrepreneur distributeur, en échange des denrées.

A la fin de chaque mois, les gestionnaires ou les entrepreneurs récapituleront, dans un état, tous les bons ainsi reçus et enverront cet état au fonctionnaire de l'intendance chargé du service des subsistances dans la place, qui sera chargé de poursuivre auprès de la compagnie le remboursement du montant des denrées distribuées, par voie de versement au Trésor.

Lieux de perception des denrées. — Transport.

Les denrées sont toujours perçues au magasin administratif désigné pour chaque gare; le transport en sera effectué, des magasins aux gares, par les soins de la compagnie.

Mode de régularisation.

Dans les comptes des services en gestion directe, la sortie des denrées ainsi distribuées sera justifiée dans la forme indiquée par l'instruction du 30 décembre 1902 sur les comptes-matières, et figurera sur le bordereau des distributions et cessions faites à charge de remboursement (n° 294 de la nomenclature).

Dans les comptes des entrepreneurs, la justification s'effectuera de la même manière que ci-dessus, pour les denrées appartenant à l'administration militaire; pour celles appartenant aux entrepreneurs, le montant décompté au prix des marchés sera porté à leur crédit sur leurs factures trimestrielles.

Approvisionnements à constituer dès le temps de paix.

Sauf le cas d'absolue nécessité, les approvisionnements nécessaires ne sont pas entretenus en temps de paix. Ils seront réalisés, lors de la mobilisation, par prélèvement sur l'approvisionnement des vingt jours et sur celui du service courant des places dans lesquelles se trouvent les gares ou des places voisines, et enfin, par l'exploitation des ressources locales.

Il sera adressé, par les soins de l'administration centrale, à tous les généraux gouverneurs militaires et commandants de corps d'armée intéressés, un tableau indiquant le nombre approximatif de rations à distribuer dans les gares situées sur le territoire de leur commandement, avec indication des magasins administratifs d'où les denrées devront être tirées.

MINISTÈRE
DE LA GUERRE.

SERVICE DES VIVRES.

FOURNITURES REMBOURSABLES.

Art. 6 de l'instruction
du 18 août 1902.

MODÈLE L.

COMPAGNIE DES CHEMINS DE FER DE

GARE DE

PERSONNEL DE TRACTION ET D'EXPLOITATION.

FOURNITURES REMBOURSABLES

*à céder par l'administration militaire pour l'alimentation
des agents chargés des transports à la mobilisation.*

CARNET DE BONS.

BON DE DISTRIBUTION

MINISTÈRE DE LA GUERRE.

COMPAGNIE DES CHEMINS DE FER DE

SERVICE DES VIVRES.

GARE DE

FOURNITURES REMBOURSABLES.

PERSONNEL DE TRACTION ET D'EXPLOITATION.

N°

COMPOSITION DES RATIONS

Ration complète.
- Pain............ 0 k.750
- Conserve de viande assaisonnée...... 0 300
- Sucre........... 0 021
- Café............ 0 016

Ration sans conserve.
- Pain.. 0 k.750
- Sucre. 0 021
- Café.. 0 016

À défaut de ration de viande, il pourra être distribué de la charcuterie ou du fromage.

NOMBRE de REPAS.	NOMBRE DE RATIONS		PRIX		MONTANT	OBSERVATIONS.
	complètes.	sans conserve	de la ration complète.	de la ration sans conserve		
»	»	»	»	»	»	
»	»	»	»	»	»	
»	»	»	»	»	»	
			Total.......		»	

Certifié par le chef de gare soussigné le présent bon dont le montant s'élève à la somme de

---

MINISTÈRE DE LA GUERRE.

COMPAGNIE DES CHEMINS DE FER DE

SERVICE DES VIVRES.

GARE DE

FOURNITURES REMBOURSABLES.

PERSONNEL DE TRACTION ET D'EXPLOITATION

Bon de distribution.

N°

COMPOSITION DES RATIONS.

Ration complète.
- Pain............ 0 k.750
- Conserve de viande assaisonnée...... 0 300
- Sucre........... 0 021
- Café............ 0 016

Ration sans conserve.
- Pain.. 0 k.750
- Sucre. 0 021
- Café.. 0 016

NOMBRE de REPAS.	NOMBRE DE RATIONS		PRIX		MONTANT	OBSERVATIONS.
	complètes.	sans conserve	de la ration complète.	de la ration sans conserve		
»	»	»	»	»	»	
»	»	»	»	»	»	
»	»	»	»	»	»	
			Total.......		»	

QUANTITÉS DE CHAQUE DENRÉE à distribuer.
- Pain............ 93 k.750
- Conserve de viande assaisonnée....... 30 »
- Sucre........... 2 625
- Café............ 2 »

Certifié par le chef de gare soussigné le présent bon dont le montant s'élève à la somme de

*Notice sur les approvisionnements pour les transports
en chemins de fer (1).*

Paris, le 18 août 1902 (2).

Les approvisionnements pour les transports en chemins de
fer comprennent :

a) Les approvisionnements d'embarquement ;

b) Les vivres de chemins de fer dont la fourniture incombe à
l'administration militaire ;

c) Les approvisionnements des stations haltes-repas.

Les approvisionnements d'embarquement se composent de la
paille nécessaire pour la litière des chevaux, la confection des
bottillons destinés au chargement du matériel, et le chargement des bâts dans les wagons à mulets.

Les vivres de chemins de fer, dont la fourniture incombe à
l'administration militaire se composent :

1° Des quantités de farine et de sel correspondant à la fabrication des quantités de pain nécessaires pour assurer l'alimentation des troupes voyageant en chemins de fer ;

2° Des quantités de conserves de viande assaisonnées nécessaires au même titre;

3° Des quantités de foin pressé et d'avoine nécessaires pour
l'alimentation des chevaux pendant le trajet en chemins de fer.

Les vivres de chemins de fer sont distribués aux points de
départ pour toute la durée du trajet.

Les approvisionnements des stations haltes-repas se composent des quantités de sucre, café et eau-de-vie nécessaires pour
la préparation du café chaud à distribuer aux troupes de passage, de l'eau-de-vie nécessaire pour la préparation de la boisson hygiénique et enfin des conserves de viande assaisonnée à
distribuer éventuellement.

Le Ministre fixe, directement pour les transports de concentration et pour les transports de ravitaillement et d'évacua-

---

(1) Voir articles 3 et 4 de l'instruction sur l'alimentation pendant les
transports en chemin de fer.

(2) Mise à jour par l'incorporation dans le texte primitif des dispositions contenues dans la circulaire du 30 avril 1909.

tion, l'importance des approvisionnements nécessaires à chaque station halte-repas, d'après les nécessités du service, et détermine ceux qui doivent être entretenus dès le temps de paix, ainsi que ceux qui ne doivent être réalisés qu'à la mobilisation.

Instruction pour l'établissement et l'emploi des titres de trans-
port par voie ferrée en cas de mobilisation générale (1).

(Etat-major de l'Armée ; Bureau des Etapes, Chemins de fer,
Transport des troupes par voie de fer et par eau.)

Paris, le 20 mars 1905.

Titres de transport.

Art. 1er. En cas de mobilisation générale, les titres de transport destinés à justifier l'exécution des transports de toute nature par voie ferrée sont établis suivant trois types généraux
de formules A, Ai et B dont les modèles ont été arrêtés après
entente entre le Département de la guerre et les compagnies
de chemins de fer.

Ces formules remplacent tous les titres actuels comportant
ou non des bons de chemin de fer à utiliser en cas de mobilisation, notamment les bons de chemin de fer, les lettres de
voiture administratives, les ordres de mouvement rapide pour
militaire isolé, les ordres de mouvement rapide de détachement et les ordres de transport rapide de matériel non accompagné.

Autorités ayant qualité pour établir des ordres de transport.

Art. 2. *En cas de mobilisation générale,* les chefs de corps,
de détachement, d'établissements et de centres d'approvisionnements, les commandants de dépôts, les commandants des
diverses écoles militaires, les commandants des bureaux de
recrutement, les fonctionnaires de l'intendance et leurs sup-
pléants, les présidents des commissions de réquisitions, les
présidents des commissions de réception de ravitaillement,
les ingénieurs ou contrôleurs du service du ravitaillement en
combustibles minéraux, les commissaires militaires des commissions et sous-commissions de réseau, des commissions des
gares, les présidents des commissions de chemins de fer de
campagne, ainsi que les autorités militaires auxquelles le Ministre croira devoir concéder ultérieurement la même faculté
sont autorisés à établir, sous leur responsabilité, les ordres de
transport des modèles A, Ai ou B relatifs aux mouvements
de troupes ou expéditions de matériel ordonnés par les auto-

---

(1) Mise à jour par l'incorporation dans le texte primitif des dispositions
contenues dans la circulaire du 8 avril 1910.

rités auxquelles les règlements confèrent ce droit ou prescrits par les règlements et instructions en vigueur.

Emploi des formules A, Ai et B.

Art. 3. L'emploi des formules est réglé ainsi qu'il suit (1) :

Pour les *transports d'isolés sans chevaux ni bagages* (à l'exception de ceux qui font l'objet d'un forfait spécial (voir l'article 7), l'ordre de transport est donné au moyen d'une formule A i ;

Pour les *transports d'isolés avec chevaux et bagages* (à l'exception de ceux qui font l'objet d'un forfait spécial (voir l'article 7) de petits détachements, de matériel ou d'approvisionnements peu considérables, l'ordre de transport est donné au moyen d'une formule A ;

Pour les *transports de troupes, de matériel ou d'approvisionnements effectués par grandes masses* (concentration, ravitaillements, évacuations, etc.) comportant la mise à la disposition de l'autorité militaire d'un certain nombre de vagons, l'ordre de transport est donné au moyen d'une formule B.

Dans tous les cas, si le transport doit avoir lieu uniquement sur les lignes des six grands réseaux (Nord, État, Orléans, Midi, Paris-Lyon-Méditerranée, Est) et les deux Ceintures de Paris, il n'est établi qu'un seul ordre de transport modèle A, Ai ou B. Si le transport emprunte des lignes appartenant à d'autres compagnies, il est établi un ordre de transport modèle A, Ai ou B, pour chacun des trajets ininterrompus sur les grands réseaux et les deux Ceintures et un ordre de transport modèle A ou Ai pour chacun des réseaux secondaires empruntés (2). En outre, il est toujours établi des ordres de transport distincts pour les transports en deçà des stations de transition et pour les transports au delà desdites stations.

Pour certaines catégories de transport, dont les titres sont directement établis par le service militaire des chemins de

---

(1) Les officiers, sous-officiers et hommes de troupe voyageant avec un ordre de transport sont répartis entre les différentes catégories de voitures, et, s'il y a lieu, de vagons, conformément aux prescriptions du règlement sur les transports ordinaires par chemins de fer. Il n'est fait, d'ailleurs, aucune mention de la classe sur l'ordre de transport.

(2) NOTA IMPORTANT. — Il y a donc lieu de remarquer que *tous les transports à exécuter sur toutes les lignes des compagnies secondaires* de chemins de fer et, par suite, également sur toutes les lignes du réseau algérien-tunisien, donnent lieu *uniquement* à l'établissement d'ordres de transport modèle A ou Ai.

fer, il pourra être fait usage de formules spéciales rattachées aux types généraux A ou B.

Etablissement des ordres de transport.

Art. 4. Les autorités militaires désignées à l'article 2 ci-dessus sont pourvues, en temps de guerre et peuvent être pourvues, dès le temps de paix, de registres d'ordres de transport contenant soit cent ordres de transport modèle A ou B, soit vingt-cinq ou cinquante ordres de transport modèle Ai.

Chaque ordre de transport porte imprimé d'avance un numéro qui lui est propre et qui, n'étant répété sur aucun autre ordre de même modèle, suffit pour désigner, sans confusion possible, l'expédition à laquelle il se rapporte et l'autorité qui l'a établi.

Un ordre de transport est toujours établi en trois expéditions de couleurs différentes (blanche, rose et jaune).

L'expédition blanche (modèle A^1, Ai^1 ou B^1) est la souche qui reste entre les mains de l'autorité qui a établi l'ordre de transport, c'est-à-dire le chef de corps ou le chef de service qui met en marche le détachement ou fait effectuer l'expédition.

L'expédition rose (modèle A^2, Ai^2 ou B^2) est la pièce comptable qui, dûment revêtue de toutes les signatures contradictoires qu'elle comporte, est mise par les compagnies à l'appui de leurs factures ; elle sert de bon de chemin de fer ou de lettre de voiture.

Cette expédition est munie d'un talon portant le même numéro d'ordre que la formule elle-même et destiné à être conservé par la gare de départ. Toutefois, pour l'ordre de transport modèle Ai, la formule Ai^2 sert également de talon et est conservée par la gare de départ.

L'expédition jaune (modèle A^3, Ai^3 ou B^3) est le récépissé délivré par la compagnie de chemins de fer ; elle est signée par le chef de gare qui la rend à l'expéditeur ou au chef de détachement, en échange de l'expédition rose. Pour un transport de personnel, elle est conservée par l'isolé ou le chef de détachement et sert de billet collectif ou individuel, ainsi que de feuille de route. Pour un transport de matériel non accompagné, elle remplace l'avis d'expédition et est envoyée, directement par la poste, par l'expéditeur au destinataire. Dans l'un et l'autre cas, la partie supérieure de la formule jaune, dûment revêtue des certifications qu'elle doit recevoir à l'arrivée à destination, est adressée au liquidateur des transports de la guerre, pour être rapprochée de la formule rose correspondante produite par les compagnies. L'envoi de la formule jaune au liquidateur est fait par l'intermédiaire du sous-intendant militaire chargé des transports au point d'arrivée, ou, à défaut de ce fonctionnaire, directement par le corps ou service destinataire.

S'il s'agit d'un isolé rentrant dans ses foyers, la formule A^3 ou Ai^3 est remise par lui à la gendarmerie, qui en fait le renvoi au sous-intendant militaire chargé des transports dans la région territoriale, lequel la fait parvenir au liquidateur.

La partie inférieure de la formule jaune des modèles A et B reste attachée à la partie supérieure quand il s'agit de transports de matériel non accompagné ; elle en est détachée dans le cas de transport d'hommes ou d'animaux comptant dans les effectifs et, après avoir été visée à l'arrivée comme une feuille de route ordinaire, elle est conservée par le corps ou service destinataire pour être mise à l'appui des feuilles de journées et de revues. Il en est de même de la partie inférieure de la formule Ai^3.

Indications à porter sur les ordres de transport.

Art. 5. Il doit y avoir concordance entre les inscriptions portées sur les trois formules d'un même ordre de transport (A^1, A^2, A^3), (Ai^1, Ai^2, Ai^3) ou (B^1, B^2, B^3).

D'une manière générale, on doit se conformer strictement pour les inscriptions à faire sur les ordres de transport aux prescriptions ou indications contenues dans la présente instruction, soit au recto ou au verso de chacune des formules.

Il conviendra de tenir compte, notamment des prescriptions suivantes :

Si le transport doit s'effectuer par train militaire, c'est-à-dire par un train exclusivement réservé à l'administration de la guerre, formé et mis en marche par ordre de l'autorité militaire en dehors des trains commerciaux, l'autorité qui établit l'ordre de transport indiquera l'itinéraire en portant les principales gares de bifurcation ou de transit qui le jalonnent, ainsi que les jours et heures de départ et d'arrivée.

S'il s'agit d'un transport de personnel ou d'animaux, elle indiquera, en outre, les stationnements aux haltes-repas et stations d'abreuvage, ainsi que les arrêts d'une certaine durée.

Dans le cas où le transport doit s'effectuer par train commercial, l'autorité qui établit l'ordre de transport ne portera à l'itinéraire que les gares de départ et de destination.

L'autorité qui établit l'ordre de transport doit énumérer très exactement, dans les cadres réservés pour cet objet :

a) Le point de départ, la destination, ainsi que la nature de l'expédition ;

b) L'itinéraire en chemin de fer, dans les conditions indiquées ci-dessus, et l'itinéraire par voie de terre, lorsque ce dernier peut être arrêté à l'avance ;

c) L'effectif en personnel et animaux, la nature et le poids du matériel transporté et, pour les formules modèle B, le nombre de chaque espèce de wagons à prévoir pour le transport ;

d) Le nombre de wagons à désinfecter, s'il y a lieu.

L'emploi de la formule A ne comporte pas d'enregistrement de bagages. En dehors des bagages à la main conservés par les militaires ou autres personnes voyageant avec un ordre de transport A, il n'est admis d'autres bagages que ceux inscrits comme matériel sur la formule ; aucune diminution, pour transport gratuit, n'est d'ailleurs à faire sur le poids réel des bagages.

Les effectifs, le matériel et le nombre des vagons indiqués par l'autorité qui établit l'ordre de transport ne sont donnés qu'à titre d'indications et peuvent ne pas être ceux constatés au moment du départ ; le chef de détachement ou l'expéditeur devra, dans ce cas, en même temps qu'il porte en toutes lettres les quantités réelles, rectifier les chiffres qui figurent sur les formules. En outre, s'il s'agit d'un détachement, la 2° partie des formules A³ ou B³, qui doit être détachée pour être mise à l'appui de la comptabilité intérieure des corps ou services, sera remplie par le chef de détachement.

**Incidents en cours de transport. — Modifications d'itinéraire.
Stationnements. — Expéditions d'urgence.**

Art. 6. Pour les incidents en cours de transport, les modifications d'itinéraire ou les stationnements, on se conformera strictement aux prescriptions spéciales portées au verso des formules A ou B.

Tout transport remis à une gare sans être accompagné d'un ordre de transport conforme aux formules réglementaires sera ajourné jusqu'à réception, par la gare, d'un ordre de transport régulier.

Toutefois, en l'absence d'une autorité munie des formules A, Ai ou B et si l'urgence de l'expédition est certifiée par le chef de détachement ou par le chef de service qui effectue l'expédition, il peut être exceptionnellement donné suite au transport, sur la remise, à la gare de départ, d'une copie de l'ordre de mouvement ou de l'ordre télégraphique, certifiée par le chef de détachement ou par le chef de service expéditeur. Cette copie doit porter en toutes lettres les indications d'effectif et de tonnage à transporter et, à défaut du tonnage, le nombre de vagons chargés au départ. Elle est valable en liquidation dans les conditions fixées à l'article 4.

Dans ce cas, il est remis par la gare de départ au chef de détachement où à l'expéditeur, un billet collectif qui remplace l'expédition jaune A^3, Ai^3 ou B^3 de l'ordre de transport. S'il s'agit d'un transport non accompagné, le chef de la gare de départ adresse ce même billet collectif par la poste au destinataire.

Quand un transport est scindé en cours de route par suite d'accident ou par ordre de l'autorité militaire compétente, l'ordre de transport primitif, revêtu des certifications contradictoires, suit la fraction continuant vers la destination indiquée sur cet ordre ou, en cas de changement de destination, la fraction la plus importante.

Le chef de gare où a lieu la division du transport remet aux chefs de détachement ou convoyeurs des autres fractions du transport un billet collectif portant le même numéro que l'ordre de transport primitif. S'il s'agit de transports non accompagnés, ces billets collectifs sont adressés par la poste au destinataire, comme dans les cas d'une expédition d'urgence.

Le billet collectif délivré par un chef de gare, soit pour une expédition d'urgence, soit en cas de division du transport, est utilisé par l'expéditeur, le chef de détachement ou le convoyeur dans les mêmes conditions que la partie supérieure de la formule jaune d'un ordre de transport.

Dans tous les cas, qu'il s'agisse d'une expédition d'urgence ou de division du transport, il est établi par le chef de gare une feuille d'expédition qui remplace l'expédition rose de l'ordre de transport et sur laquelle le chef de détachement, le convoyeur ou le destinataire ont à porter les mêmes constatations ou les mêmes décharges que sur l'expédition rose A^2 ou B^2.

Transports d'isolés exécutés à forfait.

Art. 7. Il n'est pas établi d'ordres de transport modèle A ou Ai pour tous les isolés des catégories énumérées ci-après, admis gratuitement dans les trains et dont le transport est exécuté par les compagnies de chemins de fer, en vertu de conventions spéciales intervenues entre elles et le Département de la guerre, savoir :

a) *Sur les lignes des six grands réseaux de la métropole (Nord, État, Orléans, Midi, Paris-Lyon-Méditerranée, Est), les deux Ceintures de Paris et sur les compagnies de chemins de fer d'Algérie-Tunisie (État-Algérien, Ouest-Algérien, P.-L.-M.-Algérien, Bône-Guelma, chemins de fer sur routes d'Algérie, Sfax à Gafsa, Bône-Mokta-Saint-Charles et tramway de Bône à la Calle et extension).*

1° Officiers et assimilés munis d'un ordre de mobilisation individuel, ainsi que leurs ordonnances, leurs chevaux et leurs bagages (1) ;

2° Gendarmes à pied ou à cheval, avec leurs montures, munis d'un ordre militaire leur prescrivant de rejoindre une formation mobilisée ou un nouveau poste en cas de mobilisation ;

3° Hommes de troupe (sous-officiers, brigadiers, caporaux ou soldats de toutes armes) appartenant à la disponibilité, la réserve de l'armée active et à l'armée territoriale ou à sa réserve ; hommes de troupe en permission ou en congé (à l'exclusion des militaires en congé de convalescence) rappelés à l'activité ou à leur corps par le décret de mobilisation générale ;

4° Ces mêmes hommes de troupe qui, après avoir été appelés à l'activité, sont renvoyés dans leurs foyers, soit comme impropres au service, soit après l'accomplissement d'une mission temporaire ;

---

(1) Les quantités de bagages admis au transport gratuit sont fixées ainsi qu'il suit :

Officiers subalternes et assimilés............	1 colis pesant 30 kilogr.
Commandants et assimilés....................	2 colis pesant ensemble 60 kilogr. au plus ;
Lieut.-colonels et colonels ou assimilés...	3 colis pesant ensemble 90 kilogr. au plus ;
Les officiers généraux ou assimilés.......	Un nombre indéterminé de colis pesant 200 kilogr. environ.

b) *Sur les lignes des compagnies secondaires de la métropole* (2).

Hommes de troupe énumérés ci-dessus au paragraphe 3°, à l'exclusion des isolés compris dans les paragraphes 1°, 2° et 4° de l'alinéa *a*) du présent article.

Les officiers et assimilés, gendarmes ou isolés, munis ou non d'un ordre de mobilisation et dont le transport à forfait n'a pas fait l'objet d'une convention spéciale avec les compagnies secondaires, devront payer le prix de leur place au tarif militaire en cas de mobilisation, s'ils n'ont pas été pourvus d'un ordre de transport dans les conditions indiquées par l'article 3 de la présente instruction.

Les isolés énumérés aux paragraphes 1°, 2°, 3° et 4° ci-dessus sont admis gratuitement dans les trains sur présentation de leur ordre de mobilisation individuel, de l'ordre de route annexé au livret individuel, du titre d'absence ou d'une pièce tenant lieu des précédentes, d'une autorisation de départ, et, en cas de renvoi dans leurs foyers, des mêmes pièces portant la mention *bon pour rentrer dans ses foyers* certifiée par l'autorité militaire.

En vue du règlement de ces transports à forfait, les généraux commandant les corps d'armée auront à transmettre au Ministre (Etat-major de l'armée ; 4° Bureau), après la période de mobilisation, et dès qu'ils en recevront l'ordre, des relevés numériques distincts indiquant :

Le nombre d'officiers ou assimilés de l'armée active, de sa réserve ou de l'armée territoriale appartenant à leur région et pourvu d'un ordre de mobilisation individuel, qu'ils aient ou non à prendre les voies ferrées pour rejoindre leur poste ;

Le nombre de gendarmes à cheval ou à pied munis d'une lettre individuelle de mobilisation, qu'ils aient ou non à prendre les voies ferrées pour rejoindre leur nouveau poste ;

Le nombre d'hommes en permission ou en congé, le premier jour de la mobilisation, non compris les hommes en congé de convalescence ;

Le nombre de disponibles ou réservistes qui seraient présents à leur corps au moment de la publication du décret de mobilisation ;

---

(2) Il n'a pas été conclu de conventions spéciales pour l'exécution des transports à forfait avec certaines compagnies secondaires sur les lignes desquelles aucun transport d'isolé rappelé à l'activité n'est prévu à la mobilisation.

Le nombre d'hommes de l'armée territoriale ou de sa réserve présents à leur corps au moment de la publication du décret de mobilisation ;

Le nombre d'hommes renvoyés dans leurs foyers d'après les dispositions prévues à l'alinéa *a*), paragraphe 4° du présent article ; ce dernier nombre résultera des relevés partiels que chaque autorité militaire ou chef de service intéressé devra fournir, par jour de la mobilisation, sur des états certifiés conformes aux écritures administratives des corps, services ou détachements.

En outre, il conviendra de conserver les expéditions des tableaux de mobilisation détenues par les autorités militaires locales, pour le cas où le Ministre (Etat-Major de l'armée ; 4° Bureau) aurait à les utiliser comme bases du calcul des transports effectués, soit par les grandes compagnies, soit par les compagnies secondaires, dans les conditions prévues au paragraphe 3° du présent article.

Utilisation des formules A et Ai pour le transport des personnes
étrangères à l'armée.

Art. 8. Dans les conditions prévues tant par l'instruction pour l'emploi des trains du service journalier et des trains-poste, que par des décisions spéciales du Ministre, il pourra être fait usage des ordres de transport modèle A ou Ai pour l'admission gratuite dans les trains des personnes n'appartenant pas à l'armée, savoir :

a) *Agents du Trésor ou de la Banque de France.*

Si la demande en est faite aux commandants d'armes, il est délivré aux agents du Trésor ou de la Banque de France accompagnant des fonds des ordres modèle A ou Ai, sur les trois expéditions desquels sont inscrites, d'une manière très apparente, les deux mentions « Ministère des finances » et « à plein tarif ».

b) *Familles d'officiers, de sous-officiers ou de fonctionnaires.*

Pour le transport des familles d'officiers, de sous-officiers ou de fonctionnaires évacuées de certaines places au moment de la mobilisation, il est fait usage d'ordres de transport modèle A.

Les trois expéditions de l'ordre de transport devront porter l'une des mentions « famille d'officier », « famille de

sous-officier » ou « famille de fonctionnaire », substituée
aux indications « détachement, matériel ou approvisionnement » dans la case réservée à l'indication de la nature du
transport (1).

Il devra être établi pour le voyage jusqu'à la gare de destination définitive un seul ou plusieurs ordres de transport,
dans les conditions indiquées à l'article 3 ci-dessus, suivant
que le trajet s'effectuera ou non sans interruption sur les
lignes des sept grands réseaux.

Chaque personne évacuée pourra emporter avec elle
soixante (60) kilogrammes de bagages, au maximum, dont le
transport gratuit sera admis sur les lignes des grandes compagnies de chemins de fer. Ces bagages ne devront pas figurer sur l'ordre de transport comme matériel transporté.

c) *Bouches inutiles évacuées de certaines places.*

Pour le transport en groupe des bouches inutiles, il sera
fait usage, d'une manière générale, des ordres de transport
modèle A, depuis la place de départ jusqu'à la première destination (premier point de refuge ou point de répartition) et
d'un nouvel ordre de transport modèle A ou A₁, suivant le
cas, depuis cette première destination jusqu'à la destination
définitive.

Toutefois, les ordres de transport délivrés aux personnes
évacuées des places fortes pourront être établis pour la gare
la plus rapprochée de la destination définitive, si cette destination est connue et si l'autorité militaire locale le juge convenable. Les trois expéditions de l'ordre de transport devront porter la mention « bouches inutiles » substituée à
l'une des rubriques « détachement, matériel, approvisionnement » dans la case réservée à l'indication de la nature du
transport, ainsi que de l'effectif total des personnes à transporter (2).

Chaque personne ainsi évacuée pourra emporter avec elle
un poids maximum de soixante (60) kilogrammes de bagages
dont le transport gratuit sera admis sur les lignes des six
grands réseaux ferrés. Ces bagages ne devront pas figurer
sur l'ordre de transport comme matériel transporté.

---

(1) On portera également, dans les cases appropriées, l'effectif des
personnes, précédé de la mention « Famille de M........ ».

(2) Cet effectif est à porter dans les cases appropriées, précédé de la
mention « Bouches inutiles ».

Dans les cas visés aux paragraphes *a*, *b*, *c*, du présent article, il pourra être fait usage, pour le transport des personnes évacuées, soit de voitures à voyageurs, soit de wagons couverts à marchandises aménagés ou non.

A l'arrivée à destination, la formule jaune de l'ordre de transport devra être remise (1) soit au commandant d'armes, soit à la gendarmerie, qui la fera parvenir au sous-intendant militaire chargé des transports. Ce fonctionnaire la transmettra au Ministre (5e Direction ; 1er Bureau).

Abrogation des dispositions antérieures.

Art. 9. La présente instruction annule et remplace l'ancien appendice IX aux règlements sur les transports militaires et toutes les dispositions relatives à l'emploi des anciens titres de transport énumérés à l'article 1er.

---

(1) Cette remise sera effectuée par les soins de la personne à laquelle aura été remis l'ordre de transport, s'il s'agit d'une famille d'officier, de sous-officier ou de fonctionnaire; par les soins du représentant de l'autorité militaire qui, éventuellement, accompagnera le transport, s'il s'agit d'un train spécial transportant des bouches inutiles évacuées des places fortes sur des points de refuge, et, enfin, par les soins du porteur, dans tous les autres cas.

TABLE DES MATIÈRES

TABLES

TABLE MÉTHODIQUE

VI. — *Dispositions diverses.*

TABLE CHRONOLOGIQUE

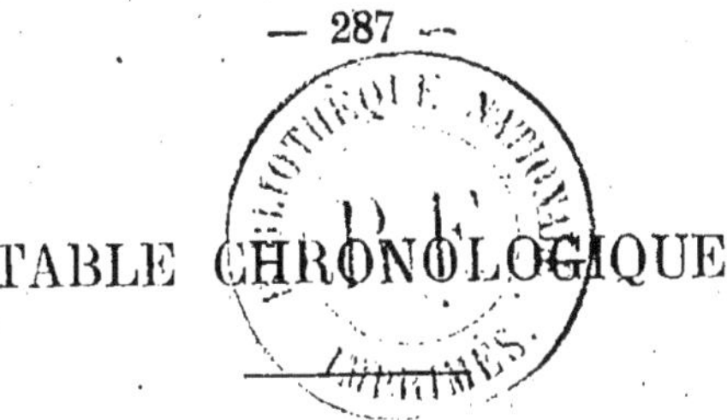

TABLE ALPHABÉTIQUE

A

F

G

H

I

M

O

P

R

S

Paris et Limoges. — Imprimerie militaire Henri CHARLES-LAVAUZELLE.

Imprimerie militaire
Henri CHARLES-LAVAUZELLE
PARIS ET LIMOGES